NOTES

SUR

L'ÉDUCATION MORALE

DU

SOLDAT

LYON

IMP. S. PELLETIER

Cours Lafayette 93

1879

NOTES

SUR

L'ÉDUCATION MORALE DU SOLDAT

38ᵉ RÉGIMENT D'INFANTERIE

NOTES

SUR

L'ÉDUCATION MORALE

DU

SOLDAT

LYON

IMP S PELLETIER

Cours Lafayette 93

—

1879

« Les théories dans les chambres ont non seu-
» lement pour but de concourir à l'instruction
» professionnelle des recrues mais encore de deve-
» lopper leurs facultés morales et d'élever leurs
» sentiments.

« En leur parlant des obligations qu'impose le
» service militaire, on saisit toutes les occasions de
» faire ressortir à leurs yeux la dignité de la pro-
» fession des armes.

« On s'efforcera par tous les moyens de leur
» inspirer le respect de l'uniforme, l'amour du
» Drapeau et de la Patrie.

« On frappe leur imagination en leur citant
» souvent les hauts faits auxquels les officiers et les
» soldats du corps ont pris part, en leur rappelant
» des exemples remarquables de bravoure, de
» discipline, d'abnégation militaire. »

(Circulaire ministérielle du 31 octobre 1878
sur la marche annuelle de l'instruction dans
les corps d'infanterie).

1*

« Pour se conformer à l'esprit de la Circulaire
» Ministérielle du 31 octobre 1878, le général
» commandant la 25ᵉ division désire que, dans
» chaque régiment, il soit fait une sorte de caté-
» chisme militaire contenant des indications nettes
» et précises sur le rôle du soldat, sur ses obliga-
» tions, sur ses devoirs, etc.

« Ce catéchisme servirait de base à des confé-
» rences familières et intimes qui seraient faites
» dans les chambrées par les officiers, sous la
» responsabilité du capitaine qui, déjà instructeur
» de ses hommes, en deviendrait en outre l'*Édu-
» cateur*. »

(Note-Circulaire du général commandant la
25ᵉ division d'infanterie, sur la manière dont
il convient de diriger l'éducation du soldat,
en date du 23 novembre 1878).

AVANT-PROPOS

Les pages qui suivent sont le résumé de lectures choisies et des réflexions inspirées par ces lectures.

Ces Notes ont été recueillies et groupées pour faciliter aux officiers la recherche et le développement des sujets des conférences familières et intimes qu'ils doivent faire à leurs hommes, en exécution des prescriptions relatives à l'instruction du soldat. *(Circulaire ministérielle du 31 octobre 1778.)*

On a cherché à renfermer dans ce travail succinct des indications nettes et précises sur le rôle du soldat, sur ses obligations, sur ses devoirs, en un mot, sur les points principaux qui, en dehors de l'instruction professionnelle, constituent la base de son éducation morale.

La Note-Circulaire de M. le général commandant la 25ᵉ division, en date du 28 novembre 1878, sur la marche à suivre dans cette éducation, a été un guide dont on ne s'est point écarté.

On reconnaîtra sans peine de nombreux passages qui ne sont que des citations presque textuelles. Il sera facile de les développer et de les expliquer.

Enfin, ce travail contient quelques exemples à l'appui des principes exposés.

La plupart d'entre eux sont tirés de l'HISTOIRE DU RÉGIMENT. Ils serviront à fixer les idées des soldats, à conserver parmi nous la mémoire de ceux qui ont illustré le numéro **38** que nous avons l'honneur de porter, et aussi, on doit l'espérer, à inspirer à tous la volonté d'imiter nos anciens dans les actions remarquables qu'ils ont pu accomplir.

Lyon, 1879.

POURQUOI EST-ON SOLDAT ?

« Le soldat se demande souvent pour quelles
» raisons et de quels droits on l'enlève à sa famille,
» à son foyer, à ses affections les plus chères pour
» lui faire revêtir l'uniforme et lui prendre les plus
» belles années de sa jeunesse.

« Ce sont là les exigences de la Loi.

« Ne lui réclame-t-on pas dans sa commune des
» impôts, des prestations pour l'entretien des che-
» mins, de l'école ou de l'église ?

« En passant quelques années sous les drapeaux,
» c'est encore un impôt qu'il paie.

« Cet impôt, on lui a donné le nom de « *l'Impôt*
» *du sang* », parce que le soldat doit au besoin
» verser son sang pour la PATRIE. »

LA PATRIE

La Patrie est la personnification de nos affections
les plus intimes, de nos intérêts les plus chers ;
c'est le sol qui a vu naître nos Pères, qui les a
nourris ; c'est elle qui nous fait vivre et qui fera
vivre nos enfants.

« Après Dieu, la Patrie mérite notre premier
amour.

« Nous aimons nos pères et nos mères, nous
» aimons nos enfants, nos parents, nos amis;
» l'amour de la Patrie renferme à lui seul tous les
» autres.

« Quel est l'honnête homme qui hésiterait à
» faire à son pays le sacrifice de sa vie ? »

La patrie Française est constituée par l'ensemble
de toutes les communes réunies sur le sol Français.

L'affection que nous portons à notre famille est
un sentiment naturel. Nous aimons le village, la
maison qui nous a vus naître, le sol sur lequel
notre mère a guidé nos premiers pas. Le souvenir
de ceux qui nous y ont précédés est inséparable de
ce sentiment profond.

Nous sentons qu'isolés nous serions impuissants
à défendre ce petit coin de terre et ces murs qui
nous sont si chers. Nos pères ont compris de bonne
heure la nécessité de l'union pour se protéger
mutuellement contre le pillage et l'envahissement.

Tous les hommes qui ont les mêmes intérêts, les
mêmes mœurs, les mêmes habitudes, se sont réunis
pour former un seul et même peuple ; alors, au
village, à la ville, à la province, s'est substitué un
ensemble plus grand et plus fort qui s'appelle la
PATRIE.

Notre chère Patrie, depuis près de deux mille ans, a une histoire glorieuse.

Elle s'appelle la FRANCE !

Il n'y a pas de grand fait auquel elle n'ait pris part Il n'y a pas de cause juste qu'elle n'ait embrassée et soutenue au prix de son or et de son sang.

Nos Pères nous ont laissé un magnifique héritage de gloire et d'honneur. C'est à nous qu'il appartient de le conserver, de faire nos efforts pour l'accroître ou le transmet re au moins intact à nos enfants.

DEVOIRS DU SOLDAT ENVERS LA PATRIE

Le soldat est le premier gardien de cet héritage précieux, c'est derrière lui que son père laboure en paix son champ, que sa mère élève ses jeunes frères.

On est soldat parce qu'on est citoyen, et nul ne peut se dire maltraité par le sort en remplissant ce devoir. C'est parce qu'il aura consacré plusieurs années à acquitter ce mandat avec conscience, avec honnêteté, que le soldat retrouvera son champ prospère et sa maison debout.

A son tour, il reviendra s'abriter derrière ses

enfants, comme ses anciens se sont abrités derrière lui.

« Ce devoir est pénible parfois, mais l'homme
» qui l'accomplit ne doit point se croire victime de
» la fatalité ; la cause de son sacrifice est plus
» noble ; c'est la Patrie qui lui demande ces années
» de dévouement et d'abnégation » ; c'est lui-
même, ce sont les siens qu'il défend, qu'il protége,
en la défendant et en la protégeant.

AMOUR DE LA PATRIE

« L'amour de la Patrie est un sentiment que l'on
» peut qualifier d'exclusif et presque d'égoïste ».
Il faut aimer son pays profondément et avant
tout, et ne point le confondre dans l'amour que la
charité chrétienne nous ordonne pour tous nos
semblables.

« Si nous devons aimer tous les hommes, à plus
» forte raison devons-nous aimer nos concitoyens.
» Tout l'amour qu'on a pour soi-même, pour sa
» famille et pour ses amis se réunit dans l'amour
» qu'on a pour sa Patrie, où notre bonheur et celui
» de nos familles et de nos amis est renfermé. »
Si Dieu a créé l'humanité entière, il a créé aussi
les grandes associations séparées. Il leur a donné

des caractères différents, des langages particuliers, des aptitudes physiques diverses. Ces associations se nomment · les Peuples ; et leur territoire s'appelle: leur Patrie.

Sans haïr l'Etranger, il faut aimer d'abord son pays et travailler à se rendre fort pour pouvoir le défendre.

l faut se garder d'un sentiment mal défini de fraternité des peuples qui est, quant à présent au moins, sans application possible puisque les intérêts ne sont pas les mêmes.

Nous trouvons sur notre sol, en le cultivant, la large satisfaction de nos besoins. Les habitants d'autres pays moins bien dotés, ne sont pas sans nous l'envier et le regardent peut-être avec convoitise. Ils l'ont déjà fait voir, et plus d'une fois. Il est certain que nous ne pouvons avoir dans leur amour fraternel et humanitaire qu'une confiance restreinte et, par suite, n'éprouver pour eux que l'affection que nous devons à tous les hommes.

LE FRANÇAIS DOIT ÊTRE FIER DE SA PATRIE

Nous l'avons déjà dit : il n'y a pas de grand fait dans l'histoire auquel la France n'ait pris part. Nous devons être fiers de notre pays !

2

Il est à la fois le plus noble et le plus beau de tous ; et l'histoire de l'humanité lui consacre ses plus belles pages.

Le peuple Français a toujours tenu le premier rang au point de vue militaire comme au point de vue de la civilisation.

RÔLE MILITAIRE ET CIVILISATEUR DE LA FRANCE

Les premiers habitants de notre pays, les Gaulois, ont fait, à plusieurs reprises, trembler l'Empire romain sur sa base. Leur esprit guerrier n'a pas été amoindri par une domination qu'ils n'ont subie qu'accablés sous le nombre et il a fallu le génie de César pour les réduire.

Leur caractère n'a pas été absorbé par la civilisation romaine ; il s'y est mêlé sans s'y confondre, et l'histoire a joint leur nom à celui de leurs vainqueurs.

C'est de là que sont sortis les Gallo-Romains dont les monuments couvrent encore notre pays.

Les Francs, à leur tour, sont venus se fondre dans cette nation.

Les Gaulois et les Francs se touchaient par leur origine et leurs qualités guerrières ; réunis, ils ont formé les Français et ont su d'abord défendre leur sol et leur liberté, en écrasant dans les plaines de la Champagne les hordes innombrables des *Huns*. Ces barbares, venus de l'Asie, voulaient ravager la France après avoir dévasté la moitié de l'Europe, qui fut ainsi sauvée.

Après l'invasion du Nord, les Francs arrêtent celle du Midi et anéantissent, aux environs de Poitiers, une formidable armée d'Arabes qui, ayant conquis l'Afrique et l'Espagne, cherchaient à s'étendre encore plus loin

La puissance militaire et civilisatrice des Français se personnifie plus tard dans Charlemagne qui étend son pouvoir sur l'Allemagne, l'Italie et une partie de l'Espagne, auxquelles il impose nos coutumes et nos lois.

Trois cents ans après, un grand mouvement religieux pousse tous les peuples de l'Europe vers Jérusalem. On pleurait sur le sort des chrétiens d'Orient subissant le joug des musulmans.

La France ne se borne pas a de vaines larmes ; elle s'arme la première et entraîne à sa suite ses voisins dans huit expéditions lointaines qui durent cent cinquante ans. (*Les Croisades*)

Ces expéditions se terminent par la mort de l'un de nos rois les plus justement honorés. Saint-Louis (Louis IX) qui paie de sa vie son dévouement à la cause qu'il a embrassée.

Pendant ces guerres mémorables, la France a mérité d'être appelée le « vrai soldat de Dieu » et l'historien qui les a racontées a donné à son livre le titre des « *Actes de Dieu accomplis par les* » *Français.* »

Leur souvenir est resté impérissable dans les pays où ils ont combattu et, aujourd'hui encore, en Orient, tous les chrétiens, quelque langue qu'ils parlent, n'ont qu'un nom : celui de « Francs. »

La France, plus tard encore, soutient une lutte de cent ans contre les Anglais.

Malgré bien des revers, malgré le pillage et l'envahissement, son courage ne s'est point laissé abattre, l'esprit patriotique n'a fait que grandir au milieu de nos malheurs, et c'est à lui que nous avons dû notre délivrance.

Ce sentiment de l'amour profond de la Patrie s'est incarné dans la personne de Jeanne d'Arc, qui en a été la plus haute expression poussée jusqu'au martyre.

Cette fille du peuple, une simple bergère, par sa foi qu'elle proclame, par ses actes où éclate sa confiance dans la vitalité du pays et la sainteté de sa mission, ranime les courages, élève les cœurs et meurt en nous délivrant !

L'indépendance du sol de la Patrie est définiti-

\ement assuré ; la France consacre alors ses forces à son organisation et répand au dehors les fruits de son génie civilisateur.

Les progrès qu'elle accomplit lui créent des envieux et de nouveaux ennemis.

Quatre grandes étapes personnifiées dans quatre grands noms, divisent cette période de près de quatre cents ans.

Louis XI réorganise le royaume affaibli par de si longues guerres.

François 1er, le roi chevalier, restaure les lettres et les arts et combat contre des voisins puissants, jaloux de notre influence qui s'impose.

Henri IV, dont le nom est resté si populaire, rétablit à l'intérieur l'ordre compromis par des luttes religieuses et continue la guerre contre nos ennemis extérieurs.

Enfin, avec *Louis XIV*, la France atteint l'apogée de sa puissance sous la royauté. Elle tient alors le premier rang dans les arts, dans les sciences, dans les lettres. Elle maintient sa prépondérance par ses victoires.

Les noms des grands généraux de cette époque sont restés impérissables. Tous les soldats connaissent ceux de Turenne et de Condé ; et Louis XIV, a mérité de donner son nom au siècle pendant lequel il a vécu.

2'

Pendant toutes ces périodes, les rois qui avaient gouverné la France avaient su lui donner l'unité de territoire et l'unité de commandement.

Sous leur gouvernement, cette France, vigoureusement constituée, avait atteint d'immenses développements comme industrie, commerce, sciences, esprit public et richesse mobilière.

La nation était mûre pour s'occuper elle-même de ses propres affaires et c'est alors, en 1789, que se produisit la Révolution dont le retentissement s'étendit dans le monde entier, et d'où procèdent les institutions qui nous régissent aujourd'hui.

L'Europe secouée par ces événements, se leva contre nous. Le patriotisme des Français, exalté par le danger, suffit à repousser les envahisseurs.

La République sut mettre à la fois quatorze armées sur pied et poussel chez l'étranger, la guerre qu'il avait voulu apporter chez nous.

L'empereur Napoleon 1er, d'abord général en chef des armées de la République, puis premier Con ul, le plus grand génie militaire des temps modernes, entraîne pendant vingt ans nos armées victorieuses, fait flotter notre Drapeau dans toutes les capitales de l'Europe et y laisse après nous les germes féconds de nos idées.

La grandeur de la France n'a point été diminuée par nos malheurs recents. Ses enfants doivent l'aimer davantage après ses revers et travailler à lui conserver le premier rang que l'on à tenté de lui faire perdre.

Malgré l'effroyable catastrophe de 1870, la France n'a point dechu !

Avec une énergie et une force dont ses voisins ne la croyaient point capable, elle a su refaire ses finances, son armée, son matériel et payer une dette dont le chiffre effrayait ceux mêmes qui la lui ont imposée

Notre commerce, notre industrie n'ont point souffert de ces efforts, ils s'y sont associés.

L'Exposition universelle de 1878, à laquelle tous les peuples de l'Univers ont pris part, a donné au Monde entier le grand spectacle de notre régénération.

Nous avons donc le droit d'être fiers de notre pays, « mais il faut nous préserver d'illusions » présomptueuses et d'un sot orgueil qui nous » éloigneraient d'un travail assidu et nous empê- » cheraient de persévérer dans nos efforts »

On peut presque dire que rien n'est fait tant qu'il reste quelque chose à faire.

Le progrès marche sans cesse, il faut le suivre car il écrase les insouciants et les retardataires.

DU SERVICE MILITAIRE

Dès l'origine du monde tout homme a été soldat, car il a été forcé, dès qu'il a existé, de prendre les armes pour se defendre contre ses sembl ibles.

A mesure que les sociétés se sont formées, les défenseurs se sont réunis. Ils ont dû, pour agir avec ensemble et produire des résultats, se donner des chefs choisis parmi les plus intelligents et les plus braves. C'est ainsi que se sont constituées les armées.

Tous ceux qui avaient quelque chose à défendre en faisaient partie.

. Le service obligatoire et personnel a donc une antique origine.

Plus tard, les sociétés devenant plus riches et les guerres plus rares, les guerriers furent moins nombieux.

Un certain nombre d'hommes furent chargés de défendre le sol pendant que les auties le cultivaient. Ceux-ci, nécessairement, dùient leur fournir les moyens de vivre puisqu'ils ne pouvaient cultiver eux-mêmes et leur payèrent une solde , c'est de là qu'est venu le nom de « soldat ».

Tous les citoyens ne prenaient les armes que

quand la Patrie, menacée dans son existence, réclamait leur concours et avait besoin de tous ses enfants.

Avant la Révolution, les armées françaises étaient composées de deux parties bien distinctes.

La première les soldats, formant une catégorie à part, raccolés par des recruteurs, sans distinction de nationalité, pourvu qu'ils sussent se servir de leurs armes. Ils exerçaient ainsi un métier pour une somme d'argent déterminée ou variable et ne pouvaient arriver au commandement.

Ces hommes ainsi réunis vivaient isolés au milieu du pays, sans attache avec le sol natal qu'ils ne revoyaient presque jamais.

Ils étaient soldats sans être citoyens.

On peut dire qu'ils appartenaient à leurs chefs; en un mot ils étaient les soldats du roi.

La seconde les officiers, pris exclusivement parmi la noblesse. On doit reconnaître que ces nobles payaient largement ce privilège de leur sang, en marchant bravement à la tête des soldats pour la défense du pays et l'accomplissement des ordres du roi.

Après la Révolution, la Nation, nous l'avons dit, voulant s'occuper de ses propres affaires, voulut aussi pourvoir, par ses propres forces, à sa défense.

La conscription fut alors établie.

Tous les Français, en principe, durent servir la Patrie; mais comme les services de tous n'étaient pas nécessaires, le tirage au sort désignait les citoyens chargés de cette mission.

Par une sorte d'attache avec les anciennes coutumes, il fut permis d'échapper avec de l'argent à la règle commune et de transmettre, à un remplaçant, l'honneur de défendre le Pays au moment du danger.

Le progrès n'était pas complet, mais il était pourtant réel, l'armée devint nationale.

A côté des officiers de l'ancien régime, dont la valeur est incontestée, surgirent des hommes nouveaux que leur naissance eut écarté du commandement malgré leurs aptitudes.

C'est ainsi que se sont fait jour *Hoche*, simple sergent aux Gardes-Françaises en 1789, qui n'en fut pas moins général en chef à 25 ans.

Marceau, général en chef, fils d'un procureur.

Kléber, général en chef, fils d'un ouvrier terrassier.

Lannes, fils d'un garçon d'écurie, il devint maréchal de France et duc de Montebello.

Ney, fils d'un tonnelier, maréchal de France et duc d'Elchingen.

Murat, fils d'un aubergiste, maréchal de France, puis roi de Naples.

Et tant d'autres dont la liste serait trop longue.

Les armées que nous a données la conscription ont combattu glorieusement en Italie, en Allemagne, en Autriche, en Espagne, en Russie, en Afrique, en Crimée et en France, depuis le commencement du siècle jusqu'en 1870.

A cette époque, nous avons opposé à la nation Allemande, armée toute entière contre nous, des armées vaillantes mais numériquement trop faibles.

Ces armées ont été écrasees par le nombre, mais non sans gloire.

Elles ont su prouver, chaque fois qu'elles ont du aborder l'ennemi, qu'elles étaient les dignes filles des armees de la République et du premier Empire.

En 1871, à ces vieilles troupes ont succédé des troupes plus nombreuses mais plus jeunes, moins aguerries et surtout moins instruites.

Les revers que nous avons eprouvés, les malheurs qui nous ont frappés n'ont pas éte sans enseignement, tout le monde a compris que l'impôt du sang devait peser également sur tous.

Nous avons senti que les guerres actuelles nécessitent des armées plus nombreuses qu'autrefois, et que les nations, pour constituer ces armées, n'ont pas trop de tous leurs enfants.

Nous avons compris aussi que les progrès de l'art militaire et de la science font qu'il ne suffit pas seulement d'avoir des armées nombreuses, mais qu'il faut encore que les hommes appelés à les composer soient à l'avance exercés à se servir du matériel perfectionné qui est mis entre leurs mains.

DU SERVICE PERSONNEL ET OBLIGATOIRE

« Voilà pourquoi la loi de 1872 a établi le » service personnel et obligatoire qui constitue la » participation directe et effective de la nation » entière à l'œuvre militaire. »

« Par conséquent, servir dans l'armée ce n'est » plus, comme autrefois, faire un métier ; c'est » remplir un mandat public ; c'est être le soldat » de la France »

Cette loi émane de nos représentants, c'est nous qui l'avons faite ; en lui obéissant, nous exécutons notre propre volonté, nous remplissons le mandat que nous nous sommes donné à nous-mêmes, que nous ont donné nos parents et nos amis. Il faut ndoc acquitter ce mandat avec conscience, avec toute l'ardeur dont nous sommes capables.

Il faut apporter dans l'accomplissement de ce
devoir de soldat, auquel nul ne peut se soustraire,
tout notre zèle, sans marchander notre travail, et
ne pas le considérer comme une corvée dont
on cherche à se débarrasser avec le moins de
peine et le plus vite possible.

On doit au pays non-seulement son temps,
mais on lui doit toutes ses facultés, son intelligence, son énergie et au besoin son sang.

Les cœurs vraiment honnêtes peuvent donc
s'étonner que dès le jour où l'on est appelé, en
arrivant au régiment, à remplir une si noble
mission, certains hommes la méconnaissent assez
pour supputer déjà à haute voix le nombre de jours
qu'ils auront à lui consacrer.

Le devoir veut être rempli, non-seulement de
fait, mais encore d'intention.

A cette condition seule, la conscience, ce juge
inflexible, sera satisfaite.

A côté de la satisfaction intérieure et morale du
devoir accompli se trouve toujours la récompense
matérielle due à une ambition légitime.

Le soldat qui rentre dans ses foyers n'y rentre
pas seul ; ses camarades retournent au pays avec
lui. Son livret le suit, la réputation qu'il avait

au régiment l'y accompagne. Parents, amis et voisins savent bien vite de quelle manière il a rempli le mandat qui lui était confié.

Chacun est en droit de lui en demander compte et la première question par laquelle il est accueilli est de savoir s'il a rapporté ou non le certificat de bonne conduite.

Tout le monde connaît le triste sort réservé aux malheureux qui n'ont pas su le mériter.

L'homme qui rentre au foyer paternel, après plusieurs années consacrées dignement au service de la Patrie, apporte avec son certificat de bonne conduite des galons de soldat de première classe, de caporal ou même de sous-officier ; et s'il est fier de les montrer à ses concitoyens, ceux-ci sont heureux de les voir porter par un des leurs.

Ils lui font, au milieu d'eux, une place plus large que celle qu'il occupait au départ et l'entourent de plus de considération et de confiance.

Le jeune homme, complété par les bonnes habitudes et l'expérience qu'il a acquises au service, donne à la commune, en rentrant dans son sein, un citoyen utile et honnête qui peut compter sur les autres parce que les autres savent qu'ils peuvent compter sur lui.

DEVOIRS DU SOLDAT A L'INTÉRIEUR

La force armée, rempart de l'indépendance du pays à l'extérieur, est aussi le rempart de l'ordre à l'intérieur. Le soldat doit donc assurer la tranquillité, la sécurité du travail, qui sont les conditions indispensables d'existence pour les peuples comme pour les individus.

Il assure l'exécution de la loi et la fait respecter.

« Les lois les plus essentielles et les plus justes
» manqueraient de sanction si une force orga-
» nisée n'était pas toujours prête à contraindre
» les esprits turbulents et violents à s'incliner
» devant elles. »

Pas une profession, si humble qu'elle soit, ne peut s'exercer utilement si elle ne peut compter sur elle-même, sur le temps, sur ce qu'elle possède, si l'avenir n'est point assuré.

La crainte de l'émeute et du désordre intérieur a sur le travail une action aussi funeste que la menace du pillage et de l'asservissement par l'étranger.

La terreur, comme la confiance, se communique ; ce qui éloigne et dissipe la première appelle et répand la seconde.

Comme citoyen et comme soldat, nous dev.
donc défendre l'ordre, les lois, notre indé⁼
dance et notre liberté.

Quelque part qu'il se trouve, dans la paix
comme dans la guerre, le soldat doit mettre son
orgueil à honorer la Patrie par ses vertus.

VERTUS ESSENTIELLES DU SOLDAT

Le citoyen appelé à l'honneur de servir son
Pays apporte au Régiment les principes de
moralité, de probité et de soumission aux lois
qu'il a reçus de son père

Il est tout préparé à appliquer ces vertus à son
nouvel état.

En les développant au point de vue militaire, en
pratiquant *l'honneur militaire, la fidelité au
Drapeau, le courage et la bravoure, le devoue-
ment, la discipline et le respect de ses chefs
comme celui de ses camarades*, il sera le bon
soldat comme il est déjà le bon citoyen.

Les devoirs du citoyen et du soldat sont étroitement liés ; ils sont inséparables, nous l'avons
déjà dit.

HONNEUR MILITAIRE

L'honneur est le sentiment intime de la dignité

personnelle et le désir constant de l'estime d'autrui qui nous portent aux actions nobles et loyales.

L'honneur militaire consiste à ne jamais se départir, dans toutes les circonstances de la vie du soldat, des règles de conduite qu'impose ce sentiment.

Il implique le besoin de l'estime des chefs et des camarades. Il établit une solidarité entre tous les militaires.

« Les défaillances et les écarts de conduite d'un
» seul rejaillissent sur tous ceux qui portent le
» même uniforme. »

Ainsi celui qui faiblit devant l'ennemi, qui ne porte pas secours à un homme en danger, qui ne prête pas main-forte à l'autorité pour le rétablissement de l'ordre, celui qui contracte des habitudes d'ivrognerie ou qui ne rougit pas du mensonge, de la délation, manque à l'honneur militaire.

A la guerre, une armée, un détachement, peuvent être exposés, par l'infériorité du nombre ou par des circonstances défavorables, à être vaincus par l'ennemi, mais si la troupe battue s'est défendue à outrance, son honneur est sauf. Le vainqueur reconnaît et honore sa valeur dont il est lui-même honoré dans sa victoire.

C'est ainsi que le roi François 1er, put écrire à

sa mère, après avoir été battu et fait prisonnier à la bataille de Pavie: « Madame, tout est perdu fors » l'honneur ! ».

Un corps de troupe ne doit pas rendre ses armes sans avoir lutté jusqu'à la dernière limite ; une place forte doit résister jusqu'à l'extrême épuisement de ses moyens de défense.

Les soldats ont le devoir de montrer à celui qui les commande, la ferme volonté de supporter tous les dangers et toutes les privations plutôt que de se rendre avant d'avoir accompli les efforts extrêmes ; et, au lieu de le décourager dans sa ténacité, ils doivent le soutenir par leur attitude énergique.

Quand l'ennemi finit par s'emparer d'une place défendue jusqu'à la dernière extrémité, il honore sa garnison en lui accordant de conserver ses armes et ses drapeaux, et celui qui en fait partie peut, quoique prisonnier, être fier de sa conduite et revenir plus tard dans son pays, la tête haute et la conscience pure

L'honneur militaire est le bien de tous les soldats, et celui qui y porte atteinte est coupable aux yeux de tous.

Un bon soldat doit donc tout faire pour empêcher un autre soldat de faillir à l'honneur.

La belle conduite d'un militaire est doublement

honorée ; celui qui accomplit une belle action ne se grandit pas seulement lui-même, mais il grandit encore sa compagnie, son régiment.

Le chef, en le citant à l'ordre, ne se borne pas, en effet, à énoncer son nom ; il ajoute Le soldat un tel, de telle compagnie, de tel régiment a accompli un acte honorable.

En revanche, l'indignité du soldat, ses défaillances, ses écarts de conduite peuvent rejaillir sur tous ceux qui sont revêtus du même uniforme.

Il est de l'intérêt de tous de ramener dans la bonne voie ceux qui s'en écartent. Un acte de lâcheté peut donner un mauvais renom à tout un corps, surtout si les camarades ne s'y sont pas opposés ou y sont restés indifférents.

ESPRIT DE CORPS

L'honneur forme un lien puissant entre tous les militaires d'un même régiment, ce lien se nomme l'esprit de corps, tous ceux qui font partie du Régiment doivent prendre à tâche de contribuer a le montrer excellent et irréprochable dans toutes circonstances.

Des hommes appelés à supporter les mêmes fatigues et les mêmes privations, à courir et a braver les mêmes dangers, à remplir les mêmes obligations, ne doivent-ils pas sans cesse se considérer comme les membres d'une même famille, prêts à s'entr'aider et à se défendre mutuellement?

Ne doivent-ils pas être bons, obligeants envers leurs frères d'armes, être jaloux de contribuer à la bonne renommée du corps auquel ils appartiennent?

Tout en travaillant avec un soin constant à la noble tâche de faire briller l'éclat du numéro de son régiment; « le soldat ne doit pas faire consister » l'esprit de corps à considérer comme au-dessous » de soi les camarades d'une autre arme ou d'un » autre régiment; mais il doit placer seulement sa » fierté à surpasser les autres par sa bonne » conduite, par sa dignité dans tous les actes de sa » vie et par sa bonne tenue; et à donner ainsi, » pour sa part, plus de lustre au numéro du régi- » ment dans lequel il sert. »

A la guerre, comme en toutes occasions, les individus, aussi bien que les corps, doivent s'efforcer de prêter appui à leurs voisins si ceux-ci en ont besoin, et l'on ne doit jamais hésiter à secourir promptement et avec dévouement des camarades en danger.

En les aidant on contribuera à la victoire et à la gloire de la France.

L'esprit de corps doit se manifester par des sentiments nobles et élevés d'amour-propre, et jamais par de mesquines jalousies à l'égard de ceux qui n'appartiennent pas au même régiment.

La fraternité militaire s'impose comme un devoir impérieux entre tous les enfants du même pays appelés à concourir à un but commun et à combattre ensemble.

Dans chaque soldat français un militaire doit voir un frère, lui faire un cordial accueil et lui prêter appui en toutes circonstances.

FIDÉLITÉ AU DRAPEAU

Du jour où le soldat prend place dans les rangs, le régiment devient pour lui une seconde famille.

Le Drapeau autour duquel on se réunit, n'est pas seulement le signe du ralliement, il est encore la noble personnification de la Patrie.

Il représente l'honneur et la gloire du régiment dont le numéro est inscrit dans ses plis.

Les noms des batailles où le corps s'est distingué, où la victoire a été achetée au prix d'un sang précieux, où il a reçu de nobles blessures comme les soldats qui l'entouraient, sont inscrits au milieu des couleurs nationales.

Il parle aux yeux et aux cœurs ; il raconte les faits d'armes du régiment entier.

Tous ceux qu'abritent le drapeau sont solidaires de son honneur ; les plus grands peuvent y faire une tache par leurs fautes, les plus obscurs peuvent ajouter à son éclat par leur valeur.

Dans nos guerres modernes, un certain nombre de régiments se sont signalés par des faits éclatants, par la prise de canons ou de drapeaux ennemis.

Leurs propres drapeaux portent la croix de la Légion d'honneur. Cette récompense leur a été décernée pour honorer à la fois tous les soldats qui l'ont illustré.

Nos pères ont, sous la République et sous l'Empire, promené le Drapeau tricolore dans toute l'Europe et l'ont arboré sur toutes les capitales.

Ayons un respect profond pour ce souvenir de leurs victoires. Imitons-les, suivons leurs nobles exemples et soyons prêts comme eux à souffrir au besoin pour la grandeur de la Patrie et pour sa gloire.

Le soldat doit se faire une religion de ne jamais abandonner son drapeau ; ce Drapeau doit lui être sacré et précieux plus que la vie.

C'est plus qu'un symbole . c'est presque un être animé auquel on présente les armes lor qu'il se place au centre du régiment.

Le Drapeau rappelle aux yeux du soldat le foyer absent ; rien ne le prouve mieux que cette appellation imaginée par lui : « Le Drapeau, » c'est le clocher du village. » Là où il se trouve, se trouvent aussi la famille du Régiment et la Patrie.

La guerre, même sur leur propre territoire, isole les armées et les entoure d'ennemis. Il faut craindre les surprises; pour les prévenir, il est nécessaire qu'une discipline sévère serre le soldat autour du Drapeau ; aucune précaution n'est inutile ; les moindres oublis entraînent des dangers ; un détail négligé transforme une victoire en défaite.

La Patrie, dans de pareilles conjonctures, doit compter sur la fidélité de chaque soldat.

En présence de l'ennemi, les fautes contre cette fidélité deviennent d'odieuses trahisons.

Le soldat qui livre le poste qu'il est chargé de garder ou le mot d'ordre qui est la garantie de la défense commet un crime qui n'a, dans aucun temps, obtenu grâce devant personne.

S'il y a des degrés dans la perfidie, tromper sa Patrie au moment du danger est le dernier.

L'ennemi lui-même, qui profite de la trahison, lui inflige son plus dur châtiment ; il charge le traître de récompenses qui accroissent son déshonneur en le rendant plus éclatant.

Là où le Drapeau marche, le soldat doit le suivre.

A la bataille d'Arcole, Bonaparte voyant ses grenadiers hésiter au passage du pont qu'il fallait franchir sous la mitraille, saisit un drapeau, s'élance et entraîne ses soldats ranimés par son exemple et par la vue de l'emblème de la Patrie qui marche devant eux.

On a vu dans de douloureuses circonstances de vieux soldats verser de grosses larmes au moment où ils étaient forcés de remettre à l'ennemi le drapeau que la France leur avait confié. D'autres les ont brûlés ou enterrés plutôt que de les rendre, ou s'en sont partagé les morceaux, voulant emporter au moins avec eux les débris de l'honneur de leur régiment.

Les marins du *Vengeur* et plus tard l'héroïque BISSON préférèrent mourir plutôt que de livrer leur pavillon.

Les Marins du VENGEUR

Dans un combat naval contre les Anglais, le 1er juin 1794, les marins du *Vengeur*, entourés par plusieurs vaisseaux ennemis, au lieu de chercher à sauver leur vie en se rendant prisonniers au moment où leur vaisseau menaçait de couler bas, déchargent leur bordée quand les derniers canons sont déjà à fleur d'eau.

Remontant ensuite sur le pont, ils clouent le Pavillon Français au tronçon de l'un des mâts, de peur qu'il ne surnage et ne tombe au pouvoir des Anglais.

Ils descendent lentement avec lui et comme en triomphe, aux cris mille fois répétés de : *Vive la République ! Vive la France !* dans la mer qui devint pour eux la plus glorieuse des sépultures.

Conduite héroïque de BISSON

En 1827, un enseigne de vaisseau, Bisson, obligé de relâcher dans une île de la Méditerrannée en conduisant à Smyrne un bâtiment grec appelé le « *Panayoti* » pris aux pirates des mers de l'Archipel, fut attaqué par deux navires grecs montés chacun par 50 hommes.

Prévoyant quelle devait être l'issue du combat qu'il allait soutenir, il prit, de concert avec son pilote nommé TRÉMENTIN, la résolution de faire sauter le vaisseau lorsqu'il ne pourrait plus le défendre.

A la tête de quinze Français seulement qui formaient son équipage, BISSON se défendit vaillamment, mais neuf de ses marins ayant été tués à ses côtés et lui-même étant grièvement blessé, il ordonna aux Français qui combattaient encore de sauter à la mer.

Les Grecs, n'éprouvant plus de résistance, envahirent le vaisseau pour se livrer au pillage; alors, le brave BISSON qui attendait ce moment pour exécuter son projet, descendit à la soûte aux poudres avec une mèche allumée; deux minutes après, le *Panayoti* sautait en l'air avec un fracas épouvantable.

BISSON n'avait pas voulu que son pavillon fut sâli par l'ignoble main des pirates; il préféra mourir en écrasant ses ennemis avec lui.

Une statue lui fut élevée sur l'une des places de la ville de Lorient, son pays natal.

LE COURAGE ET LA BRAVOURE

Le courage est cette vertu qui fait que l'on est

ferme contre toutes les défaillances, que l'on surmonte la peur, qu'on ne se laisse pas abattre par les revers et qu'on supporte avec patience; sans se plaindre, les souffrances physiques et morales

Tout bon soldat doit être courageux.

C'est dans les moments difficiles, c'est dans les rudes épreuves que le courage se manifeste et c'est par lui que se font reconnaître les natures énergiquement trempées.

Nos annales militaires sont pleines d'actes de courage, de dévouement, de fermeté accomplis par ceux qui ont porté avant nous l'uniforme français.

Dans les guerres sous des climats brûlants, dans des régions glaciales, dans des siéges, nos pères nous ont donné des exemples à jamais mémorables de courage et d'abnégation.

Ayons-les toujours présents à la pensée et montrons-nous dignes de nos anciens!

L'homme courageux ne se laisse pas démoraliser quand il éprouve les tourments de la soif ou de la faim, ni quand la fatigue ou le sommeil l'accablent et qu'il doit pourtant marcher ou veiller.

Il est doué de cette énergie qui lui permet de tout endurer en pensant que c'est pour la Patrie qu'il souffre, qu'il la sert encore en imposant silence à ses propres douleurs et en fatigant l'ennemi par sa constance.

Ce n'est pas assez pour le soldat de surmonter la fatigue et de supporter les privations, il faut que tantôt il attende le péril à son rang sans chercher à le repousser, tantôt qu'il l'affronte en courant à lui pour l'éloigner. Il doit alors braver la mort en l'attendant de pied ferme ou la défier en marchant à l'ennemi.

Avec le courage, le bon soldat doit aussi posséder la bravoure.

La bravoure consiste à affronter le danger avec ardeur et résolution pendant le combat

Elle fait rechercher la gloire de se signaler par des actions d'éclat. Le courage l'exalte et la soutient, mais elle ne vaut que par les résultats qu'elle procure. Elle doit être modérée parfois par la discipline, c'est-à-dire par l'obéissance aux ordres des chefs ; le brave doit savoir la contenir.

La fougue rend aveugle, le sang-froid, en mesurant le péril, proportionne mieux les efforts pour le surmonter.

La bravoure serait plus nuisible qu'utile si elle faisait naître les périls pour se donner la satisfaction de les affronter quand, surtout, l'ordre des chefs a prescrit de les éviter.

C'est prendre alors la témérité pour le courage et se montrer plutôt insoumis que brave.

Le soldat vaillant est aussi généreux, et l'humanité, loin d'être inconciliable avec la bravoure, la relève.

Lorsque la victoire n'est plus incertaine, l'homme le plus intrépide sait, au milieu de la chaleur du combat, contenir sa vengeance et laisser la vie à l'ennemi qui ne menace plus la sienne.

Il soulagera, s'il le peut, les blessés et les malades ennemis tombés entre ses mains.

Est-il besoin d'ajouter que le respect des morts et des blessés est un devoir sacré? Ce devoir est inscrit dans la loi qui punit comme des voleurs ceux qui les dépouillent.

Certains noms sont restés dans notre histoire la personnification du courage et de la bravoure.

BAYARD, le chevalier sans peur et sans reproches.

Le maréchal NEY, surnommé par les soldats le « brave des braves ».

Les soldats de l'armée d'Afrique connaissent tous l'exemple de courage donné par le sergent BLANDAN, et resté si populaire.

Conduite héroïque du sergent BLANDAN

Le 11 avril 1842, en Algérie, le sergent BLANDAN, du 26º de ligne, avec 17 hommes de son régiment, escortait la correspondance de Bouffarick à Blidah.

Ils cheminaient tranquillement, quand tout-à-coup, ils sont assaillis en plaine entre Bouffarick et Béni-Méred par deux ou trois cents cavaliers Arabes.

L'un des Arabes, croyant qu'une aussi faible troupe ne songerait pas à résister, court au sergent Blandan et le somme de se rendre.

Celui-ci répond par un coup de fusil qui renverse l'Arabe. Alors s'engage un combat acharné.

Nos soldats se défendent bravement ; mais peu à peu les balles, en les décimant, rendent la résistance plus difficile.

Blandan, frappé de trois coups de feu, tombe en s'écriant : « Courage, mes amis, défendez-vous » jusqu'à la mort ! »

Sa noble voix a été entendue de tous, et tous ont été fidèles à son ordre héroïque.

Mais bientôt le feu supérieur des Arabes a mis hors de combat presque tous nos braves. Plusieurs sont morts, les autres ne peuvent plus soutenir leurs armes. Cinq seulement restent debout; ce sont : Biré, Girard, Estal, Marchand et Monnot.

Ils défendaient encore leurs camarades blessés lorsque du secours arriva de Bouffarick.

Ils furent dégagés.

La bravoure du sergent Blandan ne fut pas oubliée, et on voit à Béni-Mered une colonne que l'armée éleva à la mémoire de ce sous-officier et de ses vaillants compagnons.

Sur cette colonne sont inscrits leurs noms ; les troupes qui passent sur la route d'Alger à Blidah leur rendent les honneurs comme s'ils étaient vivants et portent les armes en défilant devant le monument.

L'HISTOIRE DU RÉGIMENT nous fournit aussi des exemples que les militaires du 38e ne doivent point ignorer :

Belle conduite du sergent LA FLEUR
au siége de Grave

en 1674

En 1674, l'ancien 38e d'infanterie portait le nom de Dampierre.

Douze compagnies de ce Régiment tenaient garnison à Grave quand le général Rabenhaupt vint mettre le siége devant cette place.

C'est de ce siege que date surtout la réputation du Régiment de Dampierre. Il marqua chaque jour par un trait d'héroïsme.

A la sortie du 30 août, le capitaine de Guerville enleva à l'ennemi, en plein jour, 130 hommes et trois drapeaux.

Le 28 septembre, la compagnie du capitaine Despeyroux prit ou tua deux cents hommes aux alliés.

Un autre jour, le sergent LA FLEUR, déjà connu pour un fort joli garçon, c'est-à-dire pour un brave, en style militaire de l'époque, est envoyé en reconnaissance avec vingt-et-un hommes de sa compagnie.

Il se glisse vers les postes ennemis, se met en embuscade, fait des prisonniers et revenait, lorsqu'il fut assailli tout-à-coup par deux cents Hollandais sortis de Bois-le-Duc.

Une masure se trouve par hasard sur le bord de la route ; il s'y retranche, fait un feu nourri de mousqueterie et de grenades, tue ou blesse, en une demi-heure, trente-quatre de ses adversaires, épouvante les autres qui se retirent en désordre et rentre dans Grave, ramenant tous ses prisonniers et tous ses hommes, sauf un mort et un blessé.

Le Gouverneur de la place, M. de Chamilly, bon juge en fait d'intelligence et de bravoure, recommanda le sergent La Fleur au ministre et lui fit obtenir la première vacance de lieutenant.

Presque tous les officiers du régiment furent, pendant ce siége, atteints par le fer ou le feu de l'ennemi. Quatre capitaines et cinq lieutenants y perdirent la vie, neuf capitaines et huit lieutenants, le lieutenant-colonel et un major y furent blessés.

Le Régiment de CHARROST (ancien 38°) à la bataille de Malplaquet

11 septembre 1709

Le 11 septembre 1709, le régiment de CHARROST, (ancien 38°) occupait le bois de Sars, à la gauche de la ligne de bataille de l'armée française.

C'était le poste le plus périlleux; le maréchal de Villars y commandait en personne.

Jamais, de part et d'autre, les troupes n'avaient paru si animées. Les soldats de Charrost, afin d'être plus tôt prêts, jetèrent le pain que le maréchal leur faisait distribuer avant le combat.

Le prince Eugène et Malborough dirigèrent l'attaque principale contre l'aile gauche française.

Les deux bataillons de Charrost, placés en première ligne, soutinrent le choc des deux grosses colonnes alliées, où se trouvaient les bataillons de Gardes anglaises.

Le deuxième bataillon ouvrit sur l'une de ces colonnes un feu si vif, que ces Anglais se retirèrent hors de portée. Ils revinrent bientôt avec plus d'ordre et d'assurance et osèrent planter leurs drapeaux jusque sur les retranchements qui couvraient le Régiment.

Celui-ci leur en prit deux et les repoussa encore une fois ; mais, enveloppé bientôt par de nouvelles troupes et demeuré seul sur le point où il combattait, Charrost battit en retraite ; il le fit bravement, s'ouvrit un passage à la baïonnette et rejoignit le gros de l'armée.

Là, le Régiment fournit encore trois charges, dans l'une desquelles fut tué au milieu des débris du Corps, le brave colonel de CHARROST.

Avec lui étaient tombés les capitaines Mauny, Dodinghai, Manczy, Salers, La Boussaye, La Mothe et Grousse.

Intrépidité du Lieutenant GOUFFREVILLE

en 1713

En 1713, le futur 38e portait le nom de Saillant, et se trouvait au siége de Landau, à côté du régiment de Guyenne qui, quatre-vingts ans plus tard, forma la 38e demi-brigade.

Ces deux braves régiments eurent tous les deux l'honneur d'ouvrir la tranchée · Saillant à l'attaque de gauche, Guyenne à celle de droite

La compagnie de grenadiers de Montigny, du régiment de Saillant, emporta de vive force, la redoute dite de l'Hirondelle et y perdit vingt-deux hommes.

On savait que cet ouvrage était miné.

Le lieutenant Gouffreville, qui était arrivé un des premiers dans la redoute, saisit au collet l'officier autrichien qui y commandait et lui demanda où était le saucisson qui devait mettre le feu à la mine.

Sur le refus de l'Autrichien, l'intrépide lieutenant l'enlace étroitement de ses bras et lui dit :

« Eh bien ! s'il faut danser nous danserons en- » semble ! »

Ils sautèrent, en effet, mais ce fut avec tant de bonheur pour Gouffreville, que son ennemi fut tué et qu'il en fut quitte pour des contusions.

Défense d'un poste retranché par le capitaine LA DEVÈZE et 50 hommes
en 1719

Dans la guerre de 1719, le régiment de Saillant,

(ancien 38*), assista aux siéges de Fontarabie, de Saint-Sébastien, d'Urgell et de Rosas et se montra digne de sa belle réputation.

Etant devant Urgell, un capitaine du régiment, LA DEVÈZE, fut placé avec sa compagnie de cinquante hommes dans une redoute récemment conquise.

Il y était à peine installé qu'il fut assailli par trois cents Espagnols.

Il prit rapidement ses dispositions, indiqua à chacun son poste et se prépara à résister à outrance.

Les Espagnols, espérant, vu leur grand nombre, que la petite garnison ne tiendrait pas, donnèrent immédiatement l'assaut.

La Devèze et ses hommes n'en furent pas émus et tinrent bon ; l'assaut fut repoussé.

Trois fois les Espagnols revinrent à la charge, trois fois ils eurent la honte d'être rejetés en désordre et avec des pertes nombreuses. Ils tentèrent avant la fin du jour une dernière attaque qui n'eut pas plus de succès que les trois premières ; ils laissèrent sur le champ de bataille deux cents des leurs.

Tant d'efforts avaient épuisé les forces des vaillants soldats du capitaine La Devèze ; presque tous étaient blessés.

Le lendemain, l'ennemi revint avec du canon.

Après plusieurs heures d'une canonnade violente, le brave La Devèze dût capituler; mais il avait eu l'honneur de résister à un ennemi six fois plus fort et de ne rendre son poste qu'après l'épuisement complet de ses moyens de defense.

Bravoure et témérité du régiment de DAMPIERRE (ancien 38e) au siége de Girone.

en 1684

Le 21 mai 1684, l'armée du maréchal de Bellefonds arrivait sous les murs de Girone.

Le régiment de Dampierre fut chargé, en sa qualité de plus ancien regiment présent, d'ouvrir la tranchée.

Au bout de quelques jours, les travaux d'approche n'avançant pas assez vite au gré des assaillants, on résolut de tenter une attaque de vive force.

Le regiment de Dampierre fut chargé d'une fausse attaque pour le jour de l'assaut, l'ardeur des soldats la rendit réelle.

Ils commencèrent par s'emparer de la demi-lune qui se trouvait devant eux et, pour arriver aux brèches, ils franchirent plusieurs fossés, un marais et un ruisseau, guéable à la vérité, mais dans lequel les Espagnols avaient mis des planches garnies de clous; et ils arrivèrent enfin jusqu'à la place de la ville où ils trouvèrent le peuple et la garnison réunis et résolus à se défendre.

Malheureusement cet acte d'audace n'était point entré dans le plan des généraux.

Le régiment ne fut pas soutenu et dût reculer devant une force supérieure

De semblables témérités ne sont excusables que par le succès. Cette journée coûta au corps un grand nombre de soldats et huit officiers.

Il fut renvoyé dans le Roussillon pour se rétablir et n'eut pas l'honneur d'assister à la fin de cette campagne que sa bravoure indisciplinée avait presque compromise.

Bravoure et présence d'esprit du caporal BOURGUIGNON

À la fin de la campagne de 1742, le régiment de Noailles (ancien 38e) fut placé sous les ordres de Maurice de Saxe.

Par suite de la négligence de quelques officiers, et d'un certain relâchement de la discipline, le désordre s'était glissé dans ses rangs. Privé de ses

chefs, un groupe assez nombreux fut surpris et
cerné par l'ennemi.

La position était critique, quand sous-officiers
et soldats se réunirent et, plutôt que de se rendre,
jurèrent de s'ouvrir un passage les armes à la main
pour gagner le camp français. Ils n'avaient pas d'officiers, mais ils choisirent pour les commander le
caporal BOURGUIGNON et promirent de lui obéir.

Le commandant improvisé prit de telles mesures,
sût si bien encourager et soutenir l'ardeur de ses
compagnons qu'il les sauva, et préserva ainsi l'honneur du Régiment.

Félicité publiquement par le maréchal de Saxe,
Bourguignon rentra modestement dans le rang sans
rien demander. Il obtint néanmoins une pension,
mais il n'en jouit pas longtemps, car il fut tué
à la bataille de Dettingen l'année suivante.

300 contre 1000 (23 mars 1850)

—

Le capitaine POULET et trois compagnies du 38e en Algérie

Le 20 mars 1850, un faible détachement de
moins de trois cents hommes, composé de trois
compagnies du premier bataillon du 38e de ligne

et commandé par le capitaine POULET, quittait Boûçaada pour se rendre à Sétif.

Les deux premiers jours se passèrent sans aucun incident.

Le 23, le capitaine POULET remarqua peu de franchise dans les renseignements que lui donnaient les Arabes et beaucoup de mauvaise volonté chez ses guides. Il crut prudent, avant de s'engager dans le défilé de Djerbsa, de prendre de nouvelles informations et de se procurer un guide sûr.

Sur ces entrefaites arriva un jeune chef arabe, nommé Salah, envoyé par son père, le Caïd de Sidi-Serur, pour servir de guide aux Français.

Après une heure de marche, le détachement arrivait sur le plateau des Oulad-Hannach et se disposait à y installer son camp ; mais les tentes n'étaient pas encore déployées que des coups de feu retentirent, c'était un groupe nombreux d'Arabes Maadids qui attaquaient à l'improviste notre arrière-garde et massacraient les conducteurs de chameaux.

Le capitaine Poulet court aussitôt au devant de son arrière-garde, commandée par le sous-lieutenant de Fontnouvelle, et donne l'ordre au lieutenant Mangot de soutenir la retraite avec sa section de voltigeurs.

Au même moment, une nuée d'Arabes s'abat sur le plateau : ce sont des Maadids, des Oulad-Hannach et des Oulad-Adi, qui s'unissant au nombre de plus de huit cents fantassins et de deux cents cavaliers se disposent à fondre sur le petit détachement de français.

A leur tête on remarque un cavalier vêtu d'un manteau rouge ; c'est le célèbre chériff des Maadids.

A la vue de ce chef farouche et fanatique, les Arabes se groupent et s'avancent en ordre et résolument sur le camp.

En quelques minutes la section de voltigeurs de M. Mangot est enveloppée par les cavaliers arabes ; cet officier est atteint par une balle qui lui fracasse la mâchoire, et les voltigeurs, surpris par une attaque aussi brusque, hésitent un instant et reculent vers le camp.

Une section de grenadiers, sous les ordres de l'adjudant Rossi, est aussitôt envoyée pour soutenir les voltigeurs.

Ce brave sous-officier s'élance à la tête de ses grenadiers, soutient un instant tout l'effort des Arabes et donne ainsi le temps au capitaine Poulet d'entrer en ligne avec sa compagnie et la deuxième section des grenadiers du capitaine Dubousset.

Les Arabes, fusillés à bout portant et repoussés

avec vigueur, ne tardent pas à s'éloigner et vont se reformer hors de portée.

Le capitaine Poulet, mettant à profit ce moment de répit, reforme sa petite troupe et se porte aussitôt en avant pour débusquer les Arabes de leurs positions.

Cette attaque, vigoureusement conduite et habilement dirigée par les capitaines Poulet et Dubousset, est couronnée de succès.

Les Arabes commencent à fuir; ils sont poursuivis de position en position. Le capitaine Dubousset, à la tête de ses grenadiers, donne l'exemple ; mais son ardeur l'entraîne trop loin. Les Arabes reviennent en plus grand nombre et, à ce moment, une balle vient blesser mortellement le brave capitaine.

L'hésitation qui se manifeste dans les rangs de nos soldats lorsqu'ils voient tomber leur chef, et le succès d'un mouvement tournant opéré par un groupe de cavaliers arabes, rend une nouvelle audace à nos ennemis.

Un combat sanglant s'engage.

Français et Arabes, pêle-mêle, se battent, corps à corps. Grenadiers et voltigeurs se défendent en désespérés et répondent aux cris de guerre des Arabes par le cri de « Vive la France ! »

Ils finissent cependant par faiblir, écrasés sous

le nombre; ils cèdent peu à peu du terrain et commencent même à fuir en désordre.

Le capitaine Poulet voit le danger; il fait un appel suprême au dévouement de ceux qui l'entourent, ordonne de faire volte-face et leur crie : « En avant ! à la baïonnette ! »

Les sergents Suc et Bonneville donnent l'exemple et se jettent hardiment au milieu des Arabes.

L'élan est donné, les braves soldats du 38e reviennent à la charge. En un clin-d'œil le combat est rétabli et, cette fois, à notre avantage.

Les Arabes, surpris de cette résistance inattendue et effrayés de l'ardeur avec laquelle nos soldats les combattent, prennent la fuite et abandonnent sur le champ de bataille un grand nombre de leurs blessés et de leurs morts.

Le combat durait depuis trois heures lorsque le capitaine Poulet fit sonner le ralliement. Le détachement n'avait à déplorer la mort du brave capitaine Dufousset et du fusilier Andrieux.

Combat du 21 mai 1850, en Algérie, et mort du général DE BARRAL (ancien colonel du 38e)

ordres du commandant Teulat, avait quitté Sétif le
9 mai, faisant partie de la colonne du général De
Barral, forte de quatre mille hommes environ,
pour aller opérer dans la Kabylie de Bougie.

Le 21, vers deux heures, la colonne rencontre
devant elle des masses compactes qui veulent lui
disputer le passage. Les nombreux contingents des
tribus du pays garnissent tous les points culminants.

Le général De Barral arrête aussitôt sa colonne
et prend ses dispositions de combat. Deux compagnies de zouaves sont envoyées en tirailleurs.
Aussitôt que les premières crêtes sont couronnées,
le général s'élance au galop de son cheval, suivi
seulement de quelques cavaliers, et se porte sur
une petite hauteur en avant de nos tirailleurs afin
de mieux diriger les opérations. Il est atteint au
même instant d'une balle qui lui traverse la poitrine.

Cette funeste nouvelle se répand bientôt dans
toute la colonne et plonge tout le monde dans la
consternation. La tête de colonne s'arrête, mais
nos tirailleurs et l'artillerie maintiennent l'ennemi
à distance.

Le colonel de Lourmel, du 51e, reçoit le commandement des mains défaillantes du général et
ordonne immédiatement qu'à un signal donné

l'ennemi soit chargé à fond et à la baïonnette par toutes les troupes de la colonne.

Les Kabyles, qui voient les Français un instant immobiles, supposent que la stupeur s'est emparée d'eux et qu'ils n'osent plus avancer ; ils poussent un hourrah général et se précipitent à la rencontre des nôtres.

Deux coups de canon à mitraille sont tirés ; les clairons et les trompettes sonnent, les tambours battent la charge. Aussitôt les bataillons s'élancent en deux colonnes sur les positions qu'occupent les Kabyles ; ceux-ci sont bientôt repoussés et fuient en désordre dans toutes les directions. Beaucoup d'entre eux sont atteints et passés au fil de la baïonnette. La charge se poursuit dans les ravins et sur les hauteurs ; partout de nombreux cadavres attestent que nos soldats ont énergiquement vengé leur général.

La compagnie de grenadiers du premier bataillon du 38ᵉ avait reçu mission, dès que les premières positions avaient été occupées, d'aller déloger quelques groupes de Kabyles dont les feux de flanc gênnent fort les mouvements de la colonne.

Nos braves grenadiers remplissent leur tâche avec toute la vigueur dont ils ont si souvent donné des preuves En quelques instants, les Kabyles sont débusqués, et le plus grand nombre est atteint par les baïonnettes.

Le grenadier Guirodier tombe dans un ravin très-encaissé, à l'insu de ses camarades et pendant qu'il se remet de sa chûte, se trouve face à face avec trois Kabyles.

Guirodier conserve tout son sang-froid, tue d'un coup de feu le Kabyle le plus rapproché et renverse le second d'un coup de crosse. Malheureusement, celui-ci n'est qu'étourdi, il se relève promptement et, joint au troisième, s'apprête à faire un mauvais parti à notre grenadier. Au même instant, deux zouaves arrivant par hasard font feu sur les deux Kabyles et tirent d'affaire le brave Guirodier.

Les Kabyles perdirent dans cette journée plus de cent cinquante des leurs. Le général De Barral mourut des suites de sa blessure quelques jours après.

COURAGE ET GÉNÉROSITÉ

Le 38e de ligne pendant les insurrections de 1832

En 1832, le 38e de ligne était en garnison à Paris et occupait l'Ecole militaire. Il prit une part active à la répression de l'insurrection des 5 et

6 Juin et prouva dans cette circonstance qu'il savait rester fidèle à son devoir, tout en apportant dans cette lutte fratricide la modération et la génerosité qui honorent autint le soldat que les beaux actes de bravoure.

Le 6 Juin, deux barricades coupaient la rue Saint-Mailin : l'une au noid, à la hauteur de la rue Maubrée ; l'autre beaucoup plus forte, au midi, à la hauteur de la rue Saint-Mery et à quelques pas de la vieille église de ce nom.

Les insurgés avaient établi le réduit de la défense dans une maison située au coin de la rue Saint-Méry et faisant face à la rue Aubry-le-Boucher. Ils en occupaient le rez-de-chaussee et les abords.

La position était bien choisie. Si on l'abordait de front par la rue Aubry-le-Boucher, on tombait sous le feu parti des croisées du réduit ; si on l'attaquait de revers, il fallait affronter les combattants postés dans l'intérieur des barricades, hommes exercés qui donnaient la mort d'une main sûre et qu'animait une ardeur extraordinaire.

Pour triompher de leur résistance, il fallut recourir à l'artillerie. Le commandant Guévillers, avec un bâtaillon du 38e, fut chargé d'enlever les barricades de la rue Saint-Martin.

Vers trois heures, la compagnie de voltigeurs

du capitaine Mollet enleva vigoureusement les premiers obstacles élevés par les insurgés, mais il fallut employer le canon pour les déloger de la barricade de l'église Saint-Nicolas.

A quatre heures, toutes les barricades de la rue Saint-Martin furent attaquées à la fois par quatre compagnies commandées par les capitaines Michaud, Daret, Malherbe et Mollet.

Elles s'avancèrent avec une impétuosité irrésistible et, malgré un feu très-vif qui partait des maisons les plus voisines, elles parvinrent jusqu'au pied des barricades. C'est à ce moment que le capitaine Daret fut tué par une balle qui lui traversa la tête.

Le plus grand nombre des insurgés jugeant la résistance impossible, s'élancèrent audacieusement à la baïonnette et firent retraite par la rue Maubree.

Les autres se précipitèrent, pour s'y défendre, dans la maison qui leur servait de réduit. Leur résistance ne dura pas longtemps et la maison fut bientôt envahie, ainsi que toutes celles d'où partaient des coups de fusil.

Poursuivis de chambre en chambre, quelques insurgés furent tués après s'être défendus avec un acharnement incroyable. Beaucoup d'entre eux, découverts dans les maisons voisines, furent épargnés par la générosité de leurs vainqueurs.

Le capitaine Mollet avait dit à ses soldats, « faites » des prisonniers et non des victimes. »

Le 38e reçut pour sa belle conduite dans cette pénible circonstance dix-sept croix de la Légion d'honneur.

Le bataillon du commandant Guévillers avait eu, dans cette journée, un officier et quatre soldats tués, et plus de trente blessés.

———————

Les noms du caporal RAMEAU, du grenadier LIVRON, du fusilier CHEVROT, du tambour GAUTHIER, du grenadier MAGOT sont inscrits dans les fastes du Régiment pour leur brillante conduite dans les campagnes de 1799 à l'armée d'Helvétie et de 1800 à l'armée du Rhin.

Ces actes sont racontés avec détails dans le résumé de ces campagnes qui ne peut trouver place ici et est reporté à la fin de ce travail.

On peut dire que pendant ces guerres mémorables, auxquelles le Régiment a pris une part glorieuse, on pût compter presque autant d'actes de courage et de bravoure que le 38e comptait de soldats.

DU DÉVOUEMENT

Nous avons dit que le courage est une vertu qui fait que l'on est ferme contre toutes les défaillances. L'effort de l'âme prête souvent à une constitution chétive l'énergie physique d'une nature vigoureuse ; Il se communique par l'exemple des cœurs forts aux cœurs plus timides et alors la conscience et la raison agissent sur tous pour leur montrer le but patriotique qu'ils doivent atteindre.

Le courage tient à la fois de l'inspiration et de la réflexion ; il n'a besoin que de rencontrer l'occasion pour élever la bravoure jusqu'au dévouement.

Le dévouement est la vertu des hommes à la fois braves et courageux.

Le soldat qui possède cette vertu accomplit son devoir sans calculer les avantages qu'il peut en retirer ni les dangers qu'il peut courir.

Dévouement du Maréchal-des-Logis
CHATEAUBRIANT

Le 10 janvier 1847, au plus fort de l'attaque d'une oasis par l'armée française, deux Arabes couchaient en joue le général Herbillon (un ancien colonel du 38e.)

Le Maréchal-des-Logis CHATEAUBRIANT se jetant au devant de lui pour le couvrir de son corps lui crie · « Mon Général, on vous ajuste! » et tombe frappé de deux balles.

Notre histoire militaire peut citer beaucoup de dévouements pareils, mais elle ne saurait en raconter de plus simples, de plus généreux et de plus beaux.

Dévouement du Capitaine d'ASSAS

En 1760, dans la nuit du 15 au 16 octobre, les Français opéraient une reconnaissance aux environs de l'Abbaye de Closter-Camp, en Allemagne.

Le chevalier d'Assas, capitaine à la brigade d'Auvergne, se trouvait dans un bois avec sa compagnie.

Entendant des coups de fusil, il s'avance; à peine a-t-il fait quelques pas qu'il tombe dans une embuscade.

Les soldats ennemis l'entourent et lui mettant la baïonnette sur la poitrine, ils le menacent de mort s'il fait le moindre bruit.

Le capitaine d'Assas juge que ce ne peut être

qu'une surprise et rassemblant toutes ses forces il s'écrie: « A moi Auvergne, c'est l'ennemi ! »

Il tomba percé de coups, mais les Français furent sauvés.

Dévouement du chasseur FORTUNAS

Au siége de Dantzig, le 16 mai 1807, le chasseur FORTUNAS, du 12ᵉ Régiment d'infanterie légère, étant en éclaireur, tomba au milieu d'un détachement russe.

Sa compagnie le suivait de près et surprit presque aussitôt ce détachement.

Les officiers russes, qui parlaient le français, se mirent à crier, pour tromper le commandant de la compagnie : « Ne tirez pas, nous sommes Français ! »

Menacé d'être tué s'il parlait, FORTUNAS s'écrie à son tour : « Tirez ! tirez ! mon capitaine ! ce sont des Russes ! »

Dévouement du trompette ESCOFFIER

En 1843, le capitaine adjudant-major de Cotte, officier plein d'élan, commandant les premier et troisième escadrons du 2ᵉ chasseurs d'Afrique, venait d'avoir son cheval tué en abordant l'infanterie régulière d'Abd-el-Kader.

Retardé par une ancienne blessure à la hanche, qui ne lui permettait pas de courir, il était perdu lorsque le trompette Escorrier, qui le suivait, mit pied à terre et lui dit :

« Mon capitaine, prenez mon cheval, c'est vous, » et non pas moi, qui rallierez l'escadron ! »

Le capitaine, grâce à ce dévouement, pût en effet rallier les escadrons et contribua pour une grande part au succès de la journée.

Le brave Escoffier, fait prisonnier, fut respecté par les Arabes et, pour prix de sa belle conduite, il reçut en captivité la croix de la Légion d'honneur, que le roi lui fit parvenir.

L'histoire du 38e nous fournit aussi des exemples parmi lesquels on peut citer ceux que donnèrent les grenadiers de Saint-Chamond au pont de Weissenfels en 1757 et le grenadier Livron à la prise de Moeskirch en 1800.

Les grenadiers de SAINT-CHAMOND (ancien 38e) au pont de Weissenfels

Pendant la malheureuse campagne d'Allemagne de 1757, le régiment de Saint-Chamond prit part à toutes les opérations de l'armée du prince de Soubise.

Le 30 octobre, plusieurs corps français se trouvaient dans la ville de Weissenfels, lorsque les Prussiens s'étant présentés en force, l'ordre fut donné de passer sur la rive gauche de la Saal.

Deux compagnies de grenadiers de Saint-Chamond commandées par les capitaines Chabert et de Grèze, furent chargées de faire l'arrière-garde.

L'évacuation de la ville se fit lentement et avec beaucoup de desordre. Les Prussiens attaquaient avec vigueur, et plusieurs fois ils furent sur le point d'atteindre la colonne française que retardait encore le passage du pont de Weissenfels.

Les grenadiers de Saint-Chamond résistaient avec énergie, reculant pas à pas, défendant avec acharnement les abords de la ville et utilisant tous les obstacles qui pouvaient favoriser leur résistance. Lorsqu'ils arrivèrent au pont, la colonne finissait à peine de passer; il fallait encore lui laisser le temps de s'éloigner et de se mettre hors de portée.

Les Prussiens, au contraire, devenaient plus pressants et leur nombre s'accroissait.

Les deux capitaine Chabert et de Grèze firent

jurer à leurs grenadiers de défendre le pont jusqu'à la dernière extrémité.

Pendant vingt minutes, cent grenadiers tinrent tête à plus de cinq mille Prussiens, donnèrent ainsi le temps d'incendier le pont et franchirent intrépidement celui-ci à travers les flammes au moment où il allait s'écrouler.

La poursuite de l'ennemi devenait ainsi impossible et la colonne française était sauvée.

Le marquis de Crillon, témoin de la valeur des grenadiers de Saint-Chamond, en rendit un compte spécial au roi qui accorda des pensions à tous les officiers, sous-officiers et grenadiers de ces deux compagnies.

Le capitaine de Grèze fut blessé d'un coup de feu au genou dans cette affaire.

Nota. — L'acte de dévouement accompli par le grenadier LIVRON de la 38e demi-brigade, qui sauva son capitaine et son lieutenant, est compris dans l'histoire de la campagne de 1800 que l'on trouvera plus loin.

LA DISCIPLINE

Le soldat vraiment digne de ce nom n'est pas seulement courageux, brave, généreux et dévoué ; il est aussi et surtout discipliné.

La discipline est la partie la plus importante de la constitution militaire.

On peut presque dire qu'elle tient lieu de toutes les vertus guerrières. Elle maintient dans la stricte observation de leurs devoirs les soldats qui seraient tentés d'y manquer.

L'obéissance sans restriction aux règlements militaires est la partie essentielle de la discipline ; c'est la condition indispensable des succès et de la gloire des armées dont elle fait la force.

L'obéissance est donc le plus saint des devoirs du soldat et ne doit plier devant aucune considération ni devant aucun intérêt de personne ou de parti.

L'obéissance de l'armée est la sécurité et le salut de la Patrie; sans discipline, il n'est pas d'armée possible.

Sans elle une armée ne serait plus qu'un ramassis d'hommes sans cohésion et sans unité; plus elle serait nombreuse, plus sa destruction serait certaine.

Il a suffi à des généraux énergiques de rétablir la discipline dans leur armée pour ramener la fortune sous leurs drapeaux.

Dans d'autres services, un commandement méconnu n'entraîne le plus souvent que l'ajournement d'une mesure et l'intérêt public n'a point souffert de dommage qui ne puisse être la plupart du temps promptement réparé.

Dans les rangs de l'armée un ordre discuté est toujours un exemple funeste; et la désobéissance qui éclate devant l'ennemi peut amener avec la défaite l'asservissement du Pays.

La discipline impose la subordination, c'est-à-dire une obéissance entière et une soumission de tous les instants aux ordres donnés par le supérieur.

« Il importe, dit le règlement, que les ordres » soient exécutés littéralement sans hésitation ni » murmure » Celui qui commande est responsable des ordres qu'il donne et n'a point à exposer les motifs qui l'ont guidé.

Souvent le soldat ne reconnaît pas la nécessité de ce qui lui est ordonné; souvent même il peut s'imaginer que l'ordre n'est pas donné à propos ; il n'en doit pas moins l'exécuter.

Sous les armes il n'est point de prescriptions, de défense qui soient indifférentes. Les moindres détails y ont leur valeur.

« L'esprit d'ordre, le respect pour la règle se » montrent partout, et c'est comme éducation et » comme habitude de la vie qu'il faut y tenir.

« Un soldat dont l'habit est taché se battra sans

» doute aussi bien que tel autre dont la tenue est
» parfaitement correcte ; mais, moins exact à
» remplir ses devoirs journaliers, il sera probable-
» ment moins soumis à la voix de son chef. »

L'ordre non exécuté par un caporal peut faire
manquer, dans certaines occasions, l'exécution de
celui du général en chef.

Enfin, quand on murmure sur la tenue de la
chambrée, dans la caserne, on s'enhardit à s'ingérer
dans le commandement du Régiment et à critiquer
celui de l'armée tout entière.

Il n'est pas besoin d'insister pour faire com-
prendre ce qu'une pareille attitude aurait déjà de
ridicule si elle n'était aussi coupable.

· Le sentiment de la discipline et de la subordination est inseparable de celui du devoir. Le soldat
doit d'ailleurs savoir que son chef a pour lui
l'instruction, l'expérience, et qu'il n'ordonne rien
que pour le bien du service et pour le succès des
opérations qu'il est chargé d'accomplir.

L'inférieur n'ignore pas que celui qui le commande est aussi commandé et obéit lui-même. Il
n'a qu'à suivre son exemple.

Il doit être persuadé que son chef est assez
éclairé pour prévoir la conséquence des ordres
qu'il donne et qu'il a conscience de la responsabilité
inséparable de l'autorité dont il est-revêtu.

Le soldat qui est bien pénetré de ces principes obéit donc complètement, sans arrière pensée et sans peine. Il peut être certain que toutes les fois qu'il agit ainsi, qu'il exécute, en y mettant tout son amour-propre et toute son intelligence, l'ordre qu'il a reçu, il remplit son devoir et en est récompensé.

La discipline exacte, l'obéissance entière ont fait des héros et ont été à elles seules la cause de grandes actions.

Un exemple resté célèbre vient à l'appui de ce qui précède.

Un grenadier du Régiment de Beauce à la prise de Prague

En 1741, les Français s'emparèrent de Prague de la manière suivante :

Le colonel Chevert était chargé de l'une des attaques ; ayant formé sa colonne, il s'adresse à un grenadier du Régiment de Beauce et lui montrant l'angle rentrant d'un bastion :

— Vois-tu cet enfoncement ? Tu monteras par là.

— Oui, mon colonel !

— Vois-tu cette sentinelle, là-devant ?

— Oui, mon colonel!

— Elle va te crier : Qui vive ! une fois, deux

fois, trois fois. Tu ne réponds pas et tu avances toujours.

— Oui, mon colonel !

— Elle tirera sur toi et te manquera. Tu fondras aussitôt sur elle et je suis là pour te soutenir.

— Oui, mon colonel !

Le grenadier ne fait aucune objection, s'avance avec tranquillité. La sentinelle tire sur lui, le manque et il la tue.

Chevert avec sa troupe suit son grenadier, et escalade le rempart. Il est bientôt rejoint par le reste de l'armée française, qui enfonce les portes de la ville, et Prague, la capitale de la Bohême, tombe ainsi en notre pouvoir.

Le soldat doit obéir sans hésiter et ne penser aux difficultés qu'il rencontrera que pour les surmonter.

Que le soldat nouvellement arrivé au corps n'ait garde de s'effrayer de la discipline dont on lui a peut-être fait un épouvantail.

Un vrai soldat ne craint pas plus les rigueurs de la discipline militaire qu'un honnête homme dans la vie civile ne craint la sévérité du code criminel.

Il doit donc être entièrement rassuré.

Ceux-là seuls trouvent la discipline inflexible qui se conduisent mal.

Le bon soldat finit souvent son temps de service sans avoir été puni une seule fois.

Le règlement ne dit-il pas que « si l'intérêt du
» service exige que la discipline soit ferme, il veut
» en même temps qu'elle soit paternelle.

« Il prescrit que les membres de la hiérarchie
» militaire, à quelque degré qu'ils y soient placés,
» doivent traiter leurs inférieurs avec bonté ; être
» pour eux des guides bienveillants, leur porter
» tout l'intérêt, avoir envers eux tous les égards
» dus à des hommes dont la valeur et le dévoue-
» ment procurent leurs succès et préparent leur
» gloire. »

L'obéissance est due à tout supérieur.

Le caporal et le sergent, malgré la modestie de leurs grades, doivent donc être obéis et respectés à l'égal des officiers des grades les plus élevés.

En l'absence du caporal, son autorité revient au plus ancien soldat de première classe qui possède alors tous les droits du commandement.

Il est dans ce cas d'une bonne camaraderie de lui faciliter l'exercice de son autorité en lui obéissant ponctuellement et avec empressement.

DU RESPECT ENVERS LES CHEFS

L'inférieur ne doit pas seulement à ses chefs l'obéissance qui résulte de la discipline : il lui doit aussi le respect.

Le règlement indique bien par quelles formes extérieures ce respect doit se traduire sous peine de punitions « mais l'accomplissement de ce devoir » professionnel, militairement règlementé, ne » suffirait pas si, se bornant à des demonstrations » extérieures, le soldat n'avait point dans l'esprit » et dans le cœur le sentiment intime du respect » dû par l'inférieur à son supérieur. »

« Ne respecte-t-il pas au village ou dans l'atelier » le patron bienveillant et laborieux, l'ouvrier plus » âgé et plus habile. »

« Il doit agir de même vis-à-vis de ses chefs » militaires qui, eux aussi, sont ses modèles et son » guide. »

Il doit professer pour eux un respect constant et sincère De cette façon les marques extérieures de respect sont bien le signe, la manifestation visible d'un sentiment profondément enraciné.

Il faut se garder d'affaiblir l'autorité des chefs par des observations malignes sur les ordres donnés, des plaisanteries inconvenantes sur leurs habitudes ou sur leur manière d'être.

Le bon soldat cherche au contraire, en toute occasion, à entretenir parmi ses camarades une ferme confiance dans les talents, les mérites et la bravoure de ceux qui les commandent. Il s'honore lui-même en honorant ses chefs, car les supérieurs et les inférieurs appartiennent à la même famille et portent le même uniforme.

DE LA CONFIANCE

Le soldat qui obéit sincèrement à son chef et qui le respecte a, nous venons de le dire, nécessairement confiance en lui, cette confiance le soutient dans les fatigues, le rend ferme dans les combats.

Une troupe n'est souvent forte et victorieuse, ou faible et battue que parce qu'elle a une confiance plus ou moins grande dans le commandement. Ce sentiment donne la supériorité morale qui parfois vaut mieux que celle du nombre.

Il faut, pour donner aux troupes toute leur valeur, que la confiance existe entre tous ceux qui composent une armée.

« Le soldat croit à la valeur de son camarade. » Il sera convaincu que son officier, également

» brave, lui est supérieur en expérience et en
» instruction. Il supposera chez son général la
» même bravoure et de plus la science et le
» talent.

« Alors, l'armée forme un faisceau que rien ne
» peut rompre. Voilà la première condition de
» la force des armées, le premier élément de
» succès. »

DE L'AFFECTION

Le respect et la confiance du soldat envers son
chef entraînent toujours l'estime et souvent
l'affection.

Dans la grande famille militaire, les chefs ont
reçu mission de veiller à tous les besoins du soldat,
de le protéger par l'usage équitable de leur autorité. Ils ont l'expérience et la consacrent au bien-
être de tous ; ils vivent de la même vie, partagent
la bonne comme la mauvaise fortune, les misères,
les privations, les dangers, comme la gloire et les
honneurs.

L'affection réciproque des chefs et des soldats est
une force immense.

Le soldat désaffectionné hésite, murmure, se
sent des instincts de révolte ; il n'a en lui qu'incer-

litude, langueur et impuissance; il est sans force, sans action et parfois sans courage.

Au contraire, une troupe qui aime ses chefs est pleine d'énergie, tout service lui semble facile et agréable, elle a de l'entrain, de la gaieté et trouve des forces pour surmonter tous les obstacles.

C'est surtout dans la vie de campagne que cette affection respectueuse se manifeste. La, le soldat sent mieux combien il a besoin de ses chefs et on a vu souvent, dans nos fastes militaires, des actes de bravoure accomplis pour rendre service à un officier aimé par ses soldats qui ne reculaient pas alors devant un danger certain, devant la mort même pour le sauver.

Affection et dévouement des caporaux MALLET et BLOT du 33ᵉ de ligne pour leur Lieutenant

En 1849, au siége de Rome, le 33ᵉ de ligne venait de recevoir l'ordre d'attaquer le château Saint-Ange.

Un bataillon se portant en avant, suivait silencieusement un sentier parallèle au fort lorsque tout-à-coup le cri: « à la baïonnette! » se fit entendre.

Nos soldats, par un mouvement de flanc, se

7°

jettent dans la brouss ille qui couvrait le terrain
et s'élancent avec impétuosité.

Mais a peine arrivent-ils a portée de canon que
la mitraille, partant du château, vient semer la
mort dans leurs rangs.

Un jeune lieutenant, Léon Peydières, qui s'était
élancé avec une ardeur et une intrépidité au-dessus
de tout éloge, est atteint mortellement par un
biscaïen en pleine poitrine.

« Je meurs pour la République ! Vive la
France ! » s'ecrie-t-il en tombant.

Le bataillon, que ces décharges étonnèrent, eût
un moment d'hésitation et fit un mouvement
rétrograde.

Mais électrisés par cette mort héroïque, les
soldats de la compagnie du lieutenant Peydières
font audacieusement face aux batteries et jurent de
mourir ou de rapporter le corps de leur lieutenant,
ne voulant pas laisser une si noble dépouille entre
les mains de l'ennemi.

La mitraille pleuvait autour de ce glorieux cada-
vre, vouloir approcher, c'était s'exposer à une
mort presque certaine.

Les caporaux Mallet et Blot, se dévouant géné-
reusement, se jettent au pas de course à travers
une grêle de projectiles, enlèvent le corps sanglant

de leur brave officier et rapportent au milieu
des leurs ce glorieux trophée à travers mille
dangers

De pareils faits font la gloire des hommes qui
savent les accomplir et des officiers qui ont su
inspirer un tel attachement et un si noble dévouement.

DES OFFICIERS

Le grade des officiers, leur expérience, leur
sollicitude constante pour la troupe qu'ils commandent sont autant de titres au respect, à l'obéissance et à l'estime de leurs subordonnés.

Pour obtenir leurs grades, les officiers ont eu
une vie d'abnégation et de sacrifices; ils ont
supporté les fatigues de la guerre et en ont bravé
les dangers.

Pour franchir chaque échelon de la hiérarchie
ils ont fait preuve de mérite, d'instruction, de
bravoure ; chaque jour de leur existence a été
consacré soit à défendre l'intégrité du sol de la
Patrie, soit à lui préparer des défenseurs.

En paix comme en guerre, de nuit comme de
jour ils ne s'appartiennent pas ; ils sont toujours
prêts à aller là où le devoir les appelle. Qu'un
incendie éclate dans la ville, qu'une inondation

menace les habitations, que des bandits armés
troublent la sécurité publique, ils volent avec leurs
troupes et sans hésiter au secours de leurs concitoyens.

Aussi tous les honnêtes gens les respectent et les
estiment. Les soldats qui les voient sans cesse à
l'œuvre, qui éprouvent à chaque instant les effets
de leur sollicitude, doivent de plus les aimer et le
leur prouver par leur empressement à leur obéir.

Les sentiments des soldats à leur égard peuvent
s'assimiler à ceux que les Arabes professent pour
les chefs de leurs tribus.

Les compagnies dans un régiment ne sont-elles
pas l'image exacte des tribus constituant une
peuplade ? Le capitaine dirige sa compagnie et
veille à ses besoins ; il obéit, lui aussi, à des chefs
qui règlent l'usage de son autorité dans l'intérêt
commun et dont il respecte les conseils et exécute
les ordres.

Ceux-ci à leur tour sont soumis à l'autorité du
colonel dont l'impulsion régulatrice se fait sentir
sur l'ensemble ; il est l'appui et le recours de
tous.

Le colonel reçoit les ordres des généraux qui,
eux-mêmes, obéissent au ministre de la guerre.

C'est ainsi que dans l'armée la subordination a

lieu de grade à grade et que loin de paraître
terrible, cette soumission immédiate, entière et
absolue de l'inférieur envers son supérieur,
honore à la fois celui qui commande et celui qui
obéit.

OBLIGATIONS DU COMMANDEMENT

Si le grade donne des droits, il impose aussi
des obligations. Il importe que tous, officiers,
sous-officiers et caporaux se pénètrent bien de
leurs devoirs vis-à-vis de leurs subordonnés. Il ne
suffit pas de savoir obeir, il faut savoir bien
commander. La première qualité du chef est la
bienveillance. C'est elle qui rend l'obéissance
facile à l'inférieur.

Que ceux qui sont sans cesse en contact avec
le soldat, qui vivent de sa vie, se rappellent bien
que la bienveillance n'exclut pas le respect, tandis
que la brusquerie ou la familiarité trop grande
sont les pires ennemis de la discipline.

« La bonté sans la force n'est rien, elle se
» confond dans l'opinion et, dans la réalité, avec
» la faiblesse, mais la bonté unie à une sévérité
» motivée, fait du chef l'idole de ses soldats.

« La rigueur, si grande qu'elle soit, demande
» des formes et ne doit jamais devenir injurieuse :

» on se résigne à un châtiment mérité, mais
» l'injure irrite.

« Une punition juste produit d'autant plus d'ef-
» fet qu'elle est infligée avec un plus grand calme.
» Le chef doit toujours traiter avec considération
» tout ce qui porte l'habit de soldat.

« Le sacrifice de la vie est si sublime que
» ceux qui, par état, sont toujours prêts a l'offrir
» ont droit à des égards, même quand ils méritent
» un acte de sévérité.

« Le chef doit être habituellement grave dans
» ses rapports avec ses subordonnés ; toutefois
» cette autorité même n'exclut pas une sorte de
» familiarité, de gaieté digne, qui inspirent l'affec-
» tion et l'estime.

« Il y a un sentiment de fraternité que fait naître
» tout naturellement entre gens de guerre la com-
» munauté des dangers, des privations, des fati-
» gues et qui n'a rien d'incompatible avec les règles
» de la hierarchie. »

Plus son grade est modeste plus le supérieur
doit s'efforcer de se montrer digne l'être regardé
par les soldats comme un frère aîné, car alors ils
ne lui refuseront ni le respect ni l'affection.

» Le chef, dit un de nos grands écrivains mili-
» taires que nous avons souvent cité et qui fut en

» même temps un général celèbre, doit donc pour-
» voir au bien-être du soldat ; savoir, dans des
» occasions importantes, partager ses souffrances
» et ses privations, veiller au maintien de l'ordre
» et de la discipline, punir quand il le faut, et sai-
» sir avec empressement l'occasion de decerner
» des récompenses, mais de justes récompenses,
» car l'opinion de la justice d'un chef est la base
» de son crédit et des sentiments qu'on lui porte :
» L'instinct de l'homme est habile a découvrir
» quand le chef en est digne.

» La sévérité alors n'a rien qui effraie et rien qui
» blesse, car elle suppose la force quand elle est l'in-
» terprète sincère des lois et assure une protection
» efficace des droits. Ceux mêmes qui en éprou-
» vent l'action sentent au fond du cœur ce qu'elle
» a d'utile et de respectable.

» Autant le maintien de l'ordre doit être pour
» les chefs de tous les degrés une préoccupation de
» tous les moments, autant il faut aussi que
» l'amour pour les soldats soit profondément gravé
» dans leurs cœurs.

« Comment ne pas affectionner cette classe
» d'hommes si méritante, si habituée aux priva-
» tions, dont la vie se compose de tant de sacri-
» fices, qui en passe les plus belles années au mi -

» lieu de travaux pénibles, de dangers sans cesse
» renaissants et qui s'attache si sincèrement à son
» chef quand elle en est aimée.

« Le soldat est bon par sa nature ; si ses lumières
» ne lui donnent pas toujours le droit d'être placé
» dans les premiers rangs de la société, il le méri-
» terait par les sentiments qui l'animent.

« L'habitude de la règle le rend plus moral.
» Une vie de dangers développe les nobles instincts
» du cœur et habitue au dévouement.

« Revenu dans ses foyers, le soldat est presque
» toujours l'exemple de la fraction de la société
» dans laquelle il est appelé à vivre.

« On l'a vu au milieu des désordres et des atro-
» cités qu'engendre quelquefois la guerre, se
» distinguer par des actes d'une charité évangéli-
» que.

» Honte et malheur à tous ceux qui ne l'hono-
» rent pas et qui ne font pas tous leurs efforts pour
» améliorer et adoucir son existence ! »

Turenne s'occupait des besoins et du bien-être
du soldat avec une attentive sollicitude ; aussi lui
avaient-ils donné le nom de père, et lui témoi-
gnaient-ils de toutes les manières l'affection qu'implique ce nom lui-même.

Napoléon, pendant tout le temps qu'il fut à la

tête d'une armée ou d'une troupe fut le modèle le plus parfait du général attentif aux besoins du soldat.

Enfin, on parle encore avec admiration de la sollicitude dont la maréchal Bugeaud entourait ses troupes.

En marche et dans les camps il était partout où le bien-être de ses soldats commandait une mesure ou réclamait un soin. Aussi, comptant sur lui comme sur elle-même, son armée allait sans inquiétude partout où il la conduisait.

Elle n'a point cherché dans le souvenir de ses victoires pour lui donner un glorieux surnom; touchée de la bonté qu'il lui avait témoignée partout, elle lui décerna, par ses joyeuses et unanimes acclamations, ce nom de Père que Turenne avait déjà mérité de ses soldats.

DEVOIRS DU SOLDAT ENVERS SES CAMARADES

Le Régiment, dit-on souvent, est une famille.

Pour le soldat, la fraternité ne doit pas être un vain mot. Continuellement en contact avec ses camarades, ayant besoin d'eux comme ils ont besoin de lui, peut-il se dispenser d'avoir pour eux une affection toute fraternelle ?

Cette affection se manifestera à chaque instant par mille petits services réciproques, par des prévenances, par une politesse constante et sans affectation.

Pour que l'harmonie règne dans cette famille si nombreuse, recrutée dans toutes les parties de la France et où chacun apporte des idées, des passions et une éducation si differentes, il faut nécessairement des efforts communs.

Sans doute la discipline, l'autorité des gradés sont là pour réprimer les écarts, pour refréner les caractères emportés et les esprits pervers; mais leur action serait insuffisante si chacun ne s'efforçait de leur venir en aide en donnant aux autres l'exemple d'un bon caractère, en s'appliquant à n'être ni brutal ni querelleur, en réfléchissant à la portée de ses actions et de ses discours.

L'ancien doit protection au conscrit, il l'aide de ses conseils, le fait profiter de son expérience, s'efforce par son exemple de l'instruire aux détails de la vie commune et de faire en même temps son éducation morale, comme ses aînés l'ont fait pour lui, avec douceur et avec bienveillance.

Le jeune soldat, en revanche, lui doit respect et déférence.

C'est ainsi que se développe dans les régiments ce sentiment de solidarité qui prend naissance dans les bons rapports, dans un échange de services rendus, dans une aide réciproque reçue et donnée. Il grandit par la communauté de dangers, d'intérêt, de gloire, établit les liaisons les plus vives et les plus sincères et c'est précisément dans l'état de guerre et au milieu des périls que se montre le plus habituellement l'amitié qui en est le résultat.

Cette solidarité, cette amitié, cette habitude de camaraderie, donnent naissance à l'esprit de corps, sentiment juste et naturel qui porte chaque soldat à préférer et à exalter le régiment dont il s'honore de porter le numéro.

Ce Régiment, il l'a vu à l'œuvre, brillant dans les parades, infatigable dans les marches, sur son drapeau, il a lu ses titres de gloire, il connaît les traditions de son passé, les hauts faits de ses aînés, les qualités militaires qui leur ont donné la victoire.

Cet esprit de corps a toujours été la source d'un grand nombre de traits d'héroïsme et de dévouement qui relèvent à la fois l'individu et le corps entier.

Mais ce noble sentiment ne doit pas être poussé jusqu'au point de devenir entièrement exclusif.

De même qu'on aime de préférence sa province, son canton, le village où l'on est né, on a cependant aussi de l'affection pour les autres parties de la France, la patrie commune ; ainsi, on doit aimer avec prédilection son régiment ; mais cela n'empêche pas d'aimer les soldats des autres corps et de le leur prouver à l'occasion, d'être pour eux polis, bienveillants et serviables, puisqu'ils combattent sous le même drapeau et consacrent également leur vie à la défense de la Patrie.

Il est bon de plaisanter, mais il ne faut pas être moqueur. Les moqueries commencent par un badinage, qui excite sans mécontenter et finissent le plus souvent par des contrariétés qui humilient à l'égal de l'injure.

Les caractères les plus faibles et les plus pacifiques n'endurent pas jusqu'au bout les épreuves que de mauvais plaisants, qui sont ordinairement de médiocres soldats, peuvent prendre plaisir à leur faire subir.

La colère, longtemps contenue, éclate et amène les querelles sanglantes et les provocations mortelles.

On peut se jouer des rencontres, compter sur sa force ou sur son adresse et n'ayant pas réussi à se

faire aimer, essayer de se faire craindre ; mais on
finit par trouver son maître un jour. L'homme
querelleur et brutal est puni par un autre plus fort
ou plus adroit et généralement plus brave

Si l'on veut être respecté de ses camarades, il
faut commencer par les respecter soi-même.

DEVOIRS DU SOLDAT ENVERS LUI-MÊME

´ Soldat ou citoyen, à la caserne comme à l'atelier,
les devoirs de l'homme envers lui-même peuvent
se résumer en un seul qui les comprend tous : Respect de soi-même.

L'homme qui se respecte cherche à faire partager aux autres la bonne opinion qu'il a de lui-même
et que lui inspire sa conscience ; de là : conduite
exemplaire, propreté minutieuse, tenue soignée ;
de là aussi l'obligation d'éviter les mauvaises fré-
quentations, les cabarets, les mauvais lieux où le
soldat compromettrait son uniforme et souvent sa
santé. Il ne faut pas entendre par là qu'il ne doit
pas user des plaisirs modérés et permis. Les distractions honnêtes et un usage raisonnable des
plaisirs entretiennent la bonne humeur, la gaieté
et contribuent au bon état physique et moral.

8'

Le bon soldat est en général franchement enjoué, c'est un des côtés sympatiques du caractère français, on peut même affirmer que c'est une de ses qualités, qui, bien souvent, dans des campagnes longues et penibles, a preservé nos armées de la nostalgie et du découragement.

Nous n'avons pas besoin de dire qu'il faut avant tout se préserver d'un vice qui deshonore aussi bien l'homme que le soldat. C'est de l'ivrognerie que nous voulons parler.

L'homme ivre perd sa qualité d'homme; il descend au-dessous de la brute, il ne lui reste pas même l'instinct des animaux. Quelle confiance peut-on avoir dans un soldat qui a la funeste habitude de s'enivrer? Sait-on jamais si on pourra compter sur lui, même dans les circonstances les plus graves et les plus pressantes. Ajoutons que l'homme qui boit arrive peu a peu à être privé d'un plaisir dont il a abusé; il est puni par où il a péché. Il est imprégné à ce point qu'un seul verre de vin le terrasse. Il ne peut plus boire, il ne peut même plus manger, sa marche devient tremblante et incertaine comme sa raison et il meurt dans le dernier degré de l'abjection physique et de l'abrutissement moral.

Un vrai soldat n'a pas besoin de boire pour se

donner de l'énergie ou du courage; c'est le sentiment de l'honneur et du devoir qui lui donnera la
force d'affronter le danger La boisson ne procure
qu'une surexcitation pa sagère, malsaine et dange-
reuse, elle n'a jamais fait d'un poltron un brave.

L'empereur Napoleon Ier avait reproduit dans
le règlement pour le service des troupes en campagne pour l'armée d'Allemagne, en 1809, l'article
suivant tiré du règlement de 1792 sur le même
service . « On mettra à l'ordre du régiment le nom
» et la faute de tout militaire qui s'enivrera etant
» de service; en cas de récidive il pourra être privé
» de l'honneur de marcher à l'ennemi pendant un
» temps déterminé par son colonel. »

Le règlement prescrit des peines disciplinaires
sévères pour les cas d'ivresse. Les ivrognes sont
privés de certificat de bonne conduite La loi du 23
janvier 1873 les rend passibles des tribunaux les
militaires qui l'enfreignent sont traduits devant les
conseils de guerre. Leur condamnation est inscrite au casier judiciaire et, de ce jour, ils sont
marqués d'un signe indelebile comme mauvais
soldats et comme mauvais citoyens

Le soldat. toujours et partout, doit se montrer
homme d'honneur. Sincerite, fidelite a sa parole,
génerosite et probite scrupuleuse, telles sont les

vertus qui constituent l'honneur personnel du soldat.

Il ne faut pas prendre l'habitude d'assaisonner ses paroles de jurons plus ou moins ronflants ; cette manie grossière ne donne point aux discours une plus grande énergie ni un accent plus fort de sincérité. L'homme de bien est cru sur parole sans qu'il lui soit nécessaire d'employer ces gros mots qui sont toujours de mauvais goût ; ceux qui les entendent conçoivent souvent une mauvaise opinion de ceux qui les prononcent. C'est par de belles actions et non par de vilaines paroles que l'on se montre bon soldat.

Les soins à donner à sa tenue sont indiqués par le règlement, mais on ne doit pas craindre de les dépasser ; une tenue correcte n'exclut pas une sorte de coquetterie militaire et l'on est partout bien disposé dès le premier abord à l'égard d'un soldat dont l'extérieur est soigné et l'attitude élégante. Il ne faut pas faire mentir le proverbe : « bien » tenu et propre comme un soldat. »

Le soldat se doit encore à lui-même de prendre soin de sa personne, de suivre les règles de propreté et d'hygiène particulières, qui lui sont conseillées pour se maintenir dispos et en bon état de santé, afin d'être toujours prêt à exécuter les services que l'on est en droit d'attendre de lui.

Celui qui par excès ou par négligence de sa personne affaiblit ou compromet sa santé manque à son devoir.

Enfin, on ne saurait trop recommander aux illettrés de profiter des ressources que leur offre l'Ecole régimentaire; il n'est pas besoin d'insister auprès des hommes qui ont eu le malheur de ne recevoir aucune instruction avant leur entrée au régiment, pour leur faire sentir qu'un citoyen qui ne sait ni lire ni écrire est imcomplet et bien au dessous des autres, il est souvent à leur merci. La satisfaction de pouvoir écrire soi-même à sa famille, de pouvoir lire les lettres de son père, est certainement la première récompense de l'assiduité et des efforts que chacun d'eux doit faire pour apprendre.

DEVOIRS DU SOLDAT ENVERS SES PARENTS

L'enfant a été élevé aux frais des parents, le fruit de leur travail a dû pourvoir a tous les besoins de son jeune âge. Plus tard on lui a appris un métier, donné une profession qui lui permettra à son tour de se suffire lui-même. Mais à peine commençait-t-il à gagner quelque argent, à devenir utile à sa famille que le service de la Patrie l'a réclamé.

Un soldat ne saurait mettre trop de réserve dans ses demandes d'argent, car c'est à la sueur de leur front que la plupart des pères assurent la subsistance de leur famille et la moindre somme prélevée sur le prix de leur travail les oblige à se priver du necessaire, ou au moins des petites douceurs que âge et leurs labeurs leur rendent presque indispensables.

Les soldats ne manquent de rien au régiment ; ils sont mieux logés, mieux couchés, mieux nourris, mieux vêtus que beaucoup de leurs concitoyens. S'ils tombent malades, ils n'ont a payer ni remèdes ni médecins, les soins les plus assidus, les plus intelligents leur sont prodigués dans les hôpitaux militaires.

Il faut écrire fréquemment aux siens et au lieu d'alarmer les parents par le récit de petites misères plus ou moins reelles, leur montrer que l'on a du goût pour son état, les intéresser à ses travaux, à son existence, les faire profiter de ce que l'on a vu de curieux ou de remarquable en le leur racontant, leur prouver que l'on est bon fils et bon soldat Ils seront toujours heureux de savoir leur enfant content de lui-même et content des autres.

On reçoit avec joie les cadeaux qu'envoient les

parents de leur plein gré ; mais les soldats sont coupables lorsqu'ils emploient la ruse et le mensonge pour apitoyer leur famille et en tirer des secours que la tendresse paternelle n'accorde souvent qu'en s'imposant les plus grands sacrifices. Cet argent mal acquis n'est généralement employé qu'à des distractions futiles, quand il ne l'est plus mal encore.

PROBITÉ

L'honneur du soldat ne comporte pas seulement le courage mais aussi, nous l'avons dit, la sincérité, la fidélité à sa parole, la générosité, la probité scrupuleuse.

La probité du soldat doit-être plus délicate que celle du commun des hommes parce qu'elle peut être exposée à de grandes tentations surtout en campagne. La maraude et le pillage déshonorent le noble métier des armes, c'est le transformer en un vil brigandage que de s'approprier des objets sur lesquels on n'a d'autre droit que celui de la force.

La probité du soldat fait partie de son uniforme ; Dans les incendies on confie souvent à quelques hommes de piquet la garde d'objets précieux et ces bjets sont en sûreté.

Un vol commis par un militaire au préjudice d'autres militaires est puni de la réclusion, peine infamante qui entraîne la dégradation militaire et la perte des droits civils. Ces vols sont en effet bien plus graves que tous les autres, car ils constituent, en outre, un abus de confiance.

Le soldat n'a d'autre coffre-fort que son sac, c'est la probité de ses camarades qui en forme la serrure et qui lui garantit la sécurité de ce qu'il possède ; c'est pourquoi la Loi s'est montrée si sévère dans la répression des vols militaires.

Il en est de même du vol commis par un militaire chez l'hôte où son billet de logement l'appelle à loger en route.

DEVOIRS DU SOLDAT ENVERS LA SOCIÉTÉ

L'armée n'est point une société vivant à part dans la nation, c'est la nation elle-même. Le soldat a donc des relations journalières et habituelles avec le reste de ses concitoyens.

La qualité de soldat lui impose vis-à-vis d'eux des obligations qui, dignement remplies, le font considérer comme un ami et comme un protecteur.

DEVOIRS DU SOLDAT ENVERS LES HABITANTS

Le soldat doit-être doux, convenable et poli avec les citoyens comme il l'est avec ses camarades et avec ses chefs, obligeant et prévenant envers les femmes et les hommes âgés, modéré dans ses paroles, ni timide ni vantard, il ne doit être ni brusque ni agressif; ces défauts ne conviennent point à l'homme véritablement fort. La Patrie lui a donné une arme qu'il ne doit employer que pour la défendre et pour se défendre lui-même; il n'en doit point abuser pour effrayer ou opprimer ceux au milieu desquels il est appelé à vivre.

Lorsque le soldat est en route et logé ou cantonné chez les habitants, il ne doit rien exiger d'eux que ce que la loi et les règlements lui accordent. Qu'il se souvienne que son père et sa mère sont aussi, dans son village, soumis au logement et aux réquisitions militaires, et qu'il tienne vis-à-vis de son hôte la conduite qu'il voudrait voir tenir vis-à-vis de sa famille ; qu'en lui, il respecte ses propres parents, et l'hôte, lui-même, s'imaginera accueillir son fils qui sert aussi son pays. Enfin, qu'il n'apporte sous son toit ni le trouble ni la licence et que son passage n'y soit marqué ni par une faute ni une ingratitude.

9

On a vu du reste et l'on voit chaque jour des soldats faire mieux que de s'abstenir du mal, mais pratiquer le bien en offrant à leurs hôtes, pendant les heures de séjour, l'aide de leur bras pour hâter ses travaux ou rentrer ses moissons, d'autres, pendant de longues routes ont lutté contre l'inondation ou arrête les ravages de l'incendie. Un fait de ce genre est cité dans l'Histoire du régiment.

En juillet 1869, les militaires du 38° ont été félicités par le général commandant la subdivision de Mâcon pour avoir, pendant un changement de garnison entre Bourg et Chalon et sans tenir compte de la fatigue de l'étape ni de la chaleur, contribué à éteindre un incendie qui menaçait de détruire le village de Romenay.

PROTECTION ET DÉVOUEMENT

Le soldat doit protection à tous ses co citoyens ; c'est le meilleur emploi qu'il puisse faire de la supériorité que lui assure une organisation forte, l'exercice journalier, l'habitude de la discipline, des dangers et des armes.

En toute occasion il doit se montrer prêt à porter secours à ses semblables.

Les vertus militaires qu'il pratique sans cesse

lui rendent facile ce rôle de protection, il comprend sans peine tout ce qu'il a de noble, d'utile et de respectable. Il suffit de parcourir les annales du corps pour s'en convaincre. On y trouve presque à chaque page le témoignage du dévouement dont les soldats du 38e ont fait preuve envers les populations. Partout ou il y a un péril à braver, un acte d'humanité à accomplir, on est certain de trouver leur concours.

En 1841, les 15 et 16 novembre, une effroyable tempête, dont le souvenir n'est pas encore perdu dans le pays, soulevait les flots du Golfe de Gascogne, et près de St-Jean-de-Luz, deux navires Espagnols se brisaient sur les rochers Les soldats du 38e n'hésitèrent pas a se porter à leur secours et après des travaux extrêmement dangereux, des manœuvres que l'état de la mer rendait des plus périlleuses, ils purent recueillir sur des épaves et ramener à terre les passagers et les équipages de ces bâtiments.

Dans le cours de la même année, le sergent René est félicité par le ministre de la guerre, pour sa belle conduite et les bonnes dispositions qu'il a su prendre dans l'incendie d'une maison voisine du corps de garde où était installé le poste qu'il commandait.

En 1845, un détachement du 38e est envoyé à Barreau, près du fort du même nom, pour combattre un incendie qui menaçait de détruire tout le village. Les soldats luttent pied à pied contre le fléau, lui arrachent une à une les maisons et les granges, et réussissent enfin à circonscrire les ravages du feu, après avoir mis en sûreté les femmes, les enfants et les vieillards.

Ils reçoivent les félicitations du ministre de la guerre, qui charge le général de division de témoigner d'une façon particulière sa satisfaction au fourrier de Lachau, dont le courage et le dévouement ont été remarquable.

Le 6 septembre 1869, les soldats Clément, Rohmer et Roussel sont félicités par le général commandant la place de Lyon pour s'être jetés, au péril de leur vie, au devant des chevaux emportés d'une prolonge des équipages dont le conducteur, renversé et traîné sur le pavé, allait infailliblement périr.

Beaucoup de soldats du Régiment ont reçu des médailles d'honneur pour des actes de courage et de dévouement semblables et plusieurs d'entre eux sont encore aujourd'hui dans nos rangs.

SECOURS A PRÊTER A L'AUTORITÉ

Le rôle de protection qu'accomplit le soldat lui impose le devoir de porter secours à l'autorité civile, même en dehors du service, et sans qu'il soit besoin de l'en requérir. Il ne doit pas hésiter à lui prêter main-forte pour arrêter les malfaiteurs.

Les militaires du 38ᵉ n'ont jamais failli à ce devoir et un de leurs anciens chefs a pu leur en donner l'exemple.

Le commandant d'AUVERGNE, du 38ᵉ, à Marseille, en 1865

Le 22 septembre 1865, à Marseille, les agents de police, aidés par trois hommes et un caporal, conduisaient, dans la soirée, à la mairie, des personnes arrêtées pour avoir troublé l'ordre public. Une foule considérable suivait les agents et vociférait en cherchant à leur enlever leurs prisonniers. Un de ces agents fut séparé de ses camarades par une multitude hostile qui se livra sur lui à des violences graves dont les conséquences pouvaient lui être funestes. il allait être jeté dans un brasier allumé dans la rue. Le commandant d'Auvergne, alors major au 38e, passait par hasard dans la rue de Noailles, où cette scène de barbarie avait lieu.

Il n'hésita pas un instant à s'interposer entre le sergent de ville et ses agresseurs, il dut, pour le protéger, mettre l'épée à la main et le couvrit de son corps jusqu'au poste de la place de Rome. Le commandant eut le bonheur d'empêcher ainsi un crime et de sauver la vie à un honnête homme qui faisait son devoir.

DROITS DU SOLDAT

Les lois, les règlements et la morale ont tracé les devoirs du soldat dans toutes les circonstances ; à côté de ces devoirs il a aussi des droits.

Les droits du soldat, comme homme, sont ceux de tous les citoyens ; il peut les exercer dans les limites qui sont fixées par la loi.

Comme militaire, ses droits aux prestations en nature et en argent, aux soins en cas de maladie, sont solidement établis et nous n'en parlerons pas ici.

Mais de même que le soldat doit respecter ses

chefs, leur obéir et les aimer, il a droit aussi à leur
bienveillance, à leur estime et à leur affection,
comme nous l'avons dit en exposant les obligations
du commandement.

Le règlement sur le service intérieur, qui définit
les devoirs de chacun et règle le droit de punir,
dévolu aux supérieurs, garantit aussi l'inférieur
contre les mesures arbitraires et protège sa dignité.
Il prescrit formellement que · « Toute rigueur qui
» n'est pas de nécessité, toute punition qui n'est
» pas déterminée par le règlement ou que ferait
» prononcer un sentiment autre que celui du
» devoir, tout acte, tout geste, tout propos outra-
» geant d'un supérieur envers son subordonné
» sont sévèrement interdits »

Ce règlement ajoute dans sa prévoyance que ·
« Le capitaine doit s'attacher à connaître l'in-
» telligence et le caractère des soldats de sa
» compagnie, pour les traiter en toute circonstance
» avec une justice éclairée Il réprime au besoin
» la familiarité et la brusquerie de ses subor-
» donnés envers les soldats qu'on ne doit jamais
» tutoyer, injurier ni maltraiter. »

Enfin, il autorise les réclamations faites au sujet
de « punitions injustes ou trop sévères qui peuvent
» être infligées par suite de rapports inexacts,

» d'informations mal prises ou par des motifs
» étrangers au service. »

Il indique la forme dans laquelle ces réclamations
doivent être produites et ordonne : « Aux officiers
» et aux sous-officiers de les écouter avec calme,
» d'en vérifier avec soin l'exactitude et d'y faire
» droit lorsqu'elles sont fondées. »

Il ajoute encore que : « Dans un cas extraor-
» dinaire, les militaires de tout grade sont autorisés
» à s'adresser directement au colonel, soit par
» écrit, soit verbalement. »

RÉCOMPENSES

Le devoir consciencieusement accompli est
toujours suivi d'une récompense.

Le soldat qui se conduit honorablement est
d'abord récompensé par la satisfaction intérieure
qu'éprouve tout homme qui a bien agi.

L'estime de ses chefs ne lui fait jamais défaut,
leur bienveillance et même leur dévouement lui
sont acquis en toute circonstance, ils sont heureux
d'avoir l'occasion de lui accorder toutes les faveurs
qu'autorise le règlement, de l'aider de tout leur
pouvoir.

Puis il est élevé, suivant ses mérites et ses capacités, à différents grades, depuis les galons de première classe, qui le désignent à tous comme soldat d'élite, jusqu'à l'épaulette d'officier.

L'Etat assure, par une pension de retraite, ses moyens d'existence et son repos quand il a consacré un certain nombre d'années à servir loyalement la Patrie.

Les services distingués sont, en outre, récompensés par la médaille militaire ou la croix de la Légion-d'Honneur.

La bonne conduite, l'intelligence, le travail et la persévérance ouvrent toutes les portes au bon soldat, mieux que l'intrigue ou la fortune.

Il peut, avec de la volonté, arriver à tout et ne doit jamais oublier que son galon de laine est le premier fil qui sert à tisser l'épaulette des généraux.

APPENDICE

—

Actes de bravoure du caporal RAMEAU

Au commencement de 1799, la 38ᵉ demi-brigade, commandée par le chef de demi-brigade Daumas, fait partie de la division Lecourbe, aile droite de l'armée d'Helvétie.

La campagne s'ouvre le 6 mars ; la 38ᵉ de Ligne avait quitté Airolo pour descendre dans la vallée de Dissentis et chasser les Autrichiens du pays des Grisons. Le 10, elle est à Ponte, aux sources de l'Inn.

En moins de huit jours la division Lecourbe fait la conquête de l'Engadine et s'y maintient pendant deux mois, malgré les efforts sans cesse renouvelés d'un ennemi bien supérieur en nombre. La 38ᵉ se signale aux combats de Schuls, le 16 mars et le 30 avril.

Le 1er mai, elle défend les lignes de la Varanna attaquées par le général Autrichien Bellegarde. Le caporal Rameau ayant eu son fusil brisé entre les mains au moment de l'assaut, se précipite sur le parapet, s'expose au feu de plus de dix mille hommes et renverse, du haut des retranchements, les Autrichiens qui essayent de les franchir. Son exemple électrise ses camarades ; ils s'élancent à la baïonnette hors des lignes, refoulent les assaillants et jettent le trouble et le désordre dans leurs rangs.

Lorsque, contraint à la retraite par les revers des Français en Italie et sur le Rhin, Lecourbe se résigne à abandonner sa conquête pour se replier dans la vallée de la Reuss, dont il défendit les positions pied à pied, la 38e se fit encore remarquer par la brillante valeur de ses grenadiers au combat d'Amsteg, le 31 mai.

Après l'abandon de Zurich et lorsque Masséna se décida à prendre position sur les pentes de l'Albis, pour y attendre les renforts promis par le Directoire, le général Lecourbe réorganisa sa division et voulut conserver auprès de lui la 38e demi-brigade dont il avait si souvent éprouvé la valeur. Dans le courant de juillet, la 38ᵉ prit part à deux combats d'avant-postes. A l'affaire de Brunnen, le capitaine Parmejon mérita d'être promu chef de bataillon sur le champ de bataille. Le capitaine Juillet obtint la même recompense à l'affaire du 29 juillet.

Les premiers jours du mois d'août furent consacrés a la préparation de la reprise du Saint-Gothard. Le 14, toutes les colonnes organisées par Lecombe se mettent en mouvement. Le général Boivin marche sur Brunnen et Schwitz; le chef d'état-major Porson debouche de l'Unterwald dans la vallée d'Altorf pour soutenir ces deux colonnes, le général en chef s'embarque sur le lac de Lucerne avec sa réserve de grenadiers; enfin les généraux Loison et Gudin remontent les vallées du Gadenenthal et de l'Aar, afin de surprendre les postes Autrichiens du Saint-Gothard et du Grimsel.

Ces petites colonnes viennent deboucher successivement et à l'heure fixée sur la ligne de la Reuss; leurs attaques simultanées et leurs réunions successives sont combinées d'après les difficultés que chacun doit surmonter et les secours que la nature du terrain leur permet de se prêter mutuellement.

La 38ᵉ demi-brigade combat toute la journée du 14 ux ponts de Seerdorf et d'Attlighausen et s

maintient jusqu'à l'arrivée de Lecourbe. Le lendemain, une des compagnies de grenadiers, placée
sous les ordres du général Loison, enlève le fort de
Meyen, malgré la belle defense de la garnison
Autrichienne. Au pont du Diable et au lac d'Ober-
Alp, nouveaux combats, nouveaux succès. En trois
jours, les Français ont reconquis les positions
perdues pendant les mois précédents ; l'armée de
Masséna est dégagée et peut préparer en toute
sûreté le passage de la Limmatt.

Ces brillants succès ne furent que le prélude de
la lutte héroïque que les braves soldats de Lecourbe
soutinrent contre l'armée jusque là victorieuse du
farouche et fanatique Souvaroff.

. Du 23 septembre au 2 octobre, ils défendirent
avec tant d'acharnement l'entrée de la Suisse sur
les sommets du Saint-Gothard et dans les vallées
de la Reuss et de la Muotta, qu'ils donnèrent le
temps à Masséna de battre, à Zurich, les Austro-
Russes d'Hotze et de Korsakoff, et d'arriver à temps
pour porter le dernier coup à ces orgueilleux con-
quérants de l'Italie, qui se flattaient de traverser la
Suisse en triomphateurs.

Il y eut dans ces combats, au milieu d'un pays
violemment accidenté, contre des troupes fanatisées
par leur général et excitées par la certitude et le

désespoir de se sentir perdues, presque autant
d'actes de dévouement et de courage que nos
troupes comptaient de soldats. Le 28 septembre, le
poste qui défendait le pont de Brunnen était assailli
par toute une division Russe et sa perte pouvait
amener un désastre, car Souvaroff voulait à tout
prix s'ouvrir un chemin vers Zurich. En attendant
l'arrivée des renforts, les braves de la 38e qui
tenaient le poste et à leur tête le caporal Rameau,
toujours au premier rang lorsqu'il faut se dévouer,
s'abritent derrière le parapet, se multiplient,
s'élancent sur les premiers assaillants, les renver-
sent et essuient une fusillade des mieux nourries.
Ils réussissent enfin à arrêter l'ennemi.

Le 3 octobre, le général Loison détachait deux
bataillons de la 38e au secours du général Molitor.
Ce brave général tenait tête depuis trois jours dans
la vallée de Glaris et avec trois bataillons seulement
à l'armée russe, qui débouchait par le Kloen-thal,
et aux deux colonnes Autrichiennes de Jellachich
et de Linken, qui arrivaient par le Linthal et le
val d'Engi. Ces deux bataillons parvinrent au pont
de Schwanden le 4, au moment où l'armée russe
quittait Glaris pour remonter la Linth et essayer
de se dérober à la poursuite des Français, en
passant dans la vallée du Rhin par le col de
Panix.

Les Russes, pris entre deux feux, furent obligés de se faire jour à la baïonnette et le sabre à la main.

Le vieux Souvaroff faillit être pris. Les deux bataillons de la 38ᵉ défendirent avec acharnement le pont de Schwanden. Les sergents-majors Genin, Gouchn et Culé y gagnèrent l'épaulette de sous-lieutenant et le caporal Rameau s'y distingua encore une fois en enlevant deux pièces de canon et en faisant prisonniers deux officiers russes. L'armée de Souvaroff perdit, dans ce dernier combat, plusieurs pièces de canon, deux cents chevaux, tous ses bagages et douze cents prisonniers.

Pendant toute cette mémorable campagne, la 38ᵉ demi-brigade a constamment donné l'exemple d'une bravoure à toute épreuve et du dévouement le plus complet. Elle a montré tout ce que l'on doit attendre de soldats braves et disciplinés, lorsqu'ils sont commandés par des chefs habiles et énergiques. Si la prise du Saint Gothard fut, en grande partie, le résultat des habiles combinaisons du général, il n'est pas moins incontestable que la déroute et la mère des vingt mille Russes de Souvaroff furent la récompense de la bravoure, du dévouement et de l'héroïsme des soldats. Du 23 septembre au 5 octobre, les soldats de Lecourbe ne firent que marcher et combattre. La Suisse vit en quinze jours quarante-cinq mille Russes et Autrichiens tués, blessés ou faits prisonniers.

L'histoire a immortalisé les noms de Masséna, de Lecourbe et de Molitor, mais ces noms glorieux ne peuvent faire oublier les héros modestes qui combattirent dans les rangs des demi-brigades de l'armée d'Helvétie, de cette noble armée qui préserva notre Patrie d'une invasion et qui suivi l'honneur de nos drapeaux dans cette malheureuse année de 1799. Les faits d'armes dont la Suisse fut le théâtre tiennent du merveilleux et n'ont jamais été surpassés. On se croirait transporté, selon l'expression d'un grand écrivain militaire, aux siècles fabuleux et on s'imaginerait voir des combats de géants.

12'

La 38e demi-brigade à l'armée du Rhin
en 1800

Dévouement du grenadier LIVRON; *Bravoure du
sous-lieutenant* LOMBARD, *du sergent-major*
MASSONI, *du caporal* RAMEAU, *du fusilier*
CHEVROT, *des grenadiers* JANNIERE *et* MAGOT
et du tambour GAUTHIER.

En 1800, la 38e demi-brigade se trouve à l'armée
du Rhin et fait partie du corps du général Lecourbe.
Ce corps, formant l'aile droite de l'armée, passe le
Rhin à Paradis et à Richlingen le 2 mai, bat le
corps du prince de Lorraine à Stokach le 3, et
prend une part glorieuse à la bataille de Moeskirch
Le 5 mai 1800 dès la pointe du jour, toute l'armee française se mettait en mouvement pour attaquer les positions formidables de l'armée impériale.
La division Montrichard, à laquelle appartenait
la brigade Daultane formée des 38e et 67e demi-
brigades de Ligne, suivait la chaussée de Stokach
à Moeskirch. A neuf heures elle s'empara du bois
de Krombach et s'y maintint, malgré les efforts d'un
ennemi bien supérieur en nombre. A la même

heure, la division Lorges échouait dans son attaque
contre la position d'Hendorf. Cette division était
déja parvenue aux premières maisons de ce village
et allait s'y établir lorsque des masses ennemies,
soutenues par leurs batteries de position, l'attaquèrent a l'improviste, la débusquèrent des jardins
et la mirent dans un grand désordre. La brigade
Daultane fut envoyée au secours de la division
Lorges. La 38e demi-brigade entra en ligne la première et, sans attendre l'arrivée de la 67e, se porta
immédiatement à l'attaque du village. Le premier
élan entraîna nos braves soldats jusqu'à l'entrée
d'Hendorf, mais il leur fut impossible d'aller plus
loin ; une grêle de projectiles les arrêta, puis une
charge de cavalerie les ramena en arrière après
leur avoir fait essuyer des pertes nombreuses. C'est
dans cette circonstance que le grenadier *Livron* se
dévoua pour sauver son capitaine et son lieutenant.
S'apercevant que ces deux officiers étaient poursuivis par quatre cavaliers ennemis, il vole à leur
secours, abandonne son fusil déchargé pour prendre
celui d'un de ses camarades resté sur le champ de
bataille, tue un des quatre cavaliers et tient les trois
autres en échec avec sa baïonnette ; ceux-ci ne tardent pas à prendre la fuite et abandonnent le champ
de bataille aux deux officiers et à leur sauveur.

La 67e étant arrivée à temps pour soutenir la 38e, l'attaque recommença et, cette fois, rien ne pût arrêter l'élan de ces deux braves demi-brigades. Le désir de venger un premier échec doublait leur ardeur chefs et soldats rivalisaient de courage et de dévouement.

Le sous-lieutenant Lombard, de la 38e demi-brigade, suivi du sergent-major Missoni et du fusilier Chevrot, s'élança sur une batterie qui faisait un feu meurtrier sur les assaillants. Après une lutte terrible dans laquelle Chevrot fut blessé, ces trois braves s'emparèrent de cinq pièces. Le caporal Rameau ajouta une nouvelle page à ses glorieux états de services en se précipitant, avec une audace sans égale, dans les rangs autrichiens et en enlevant, dans la mêlée, deux soldats ennemis qu'il fit prisonniers.

Ces nobles efforts furent couronnés du plus heureux succès. La brigade Dultane rentra dans Hendorf et, soutenue à son tour par la division Lorges, s'empara non-seulement du village, mais encore des positions qu'occupaient les réserves autrichiennes. La lutte n'était pas encore terminée, à peine la position d'Hendorf eut-elle acquise que le général Lecourbe fit un nouvel appel au dévouement et à la bravoure des 38e et 67e demi-brigades, en les chargeant de seconder la brigade Molitor dans son attaque contre Moeskirch

L'héroïque brigade Droultane franchit rapidement le ravin qui couvrait la position, assaillit avec vigueur les impériaux ébranlés, les chassa du plateau sans leur laisser le temps de se reformer et les poursuivit presque dans Moeskirch, où le général Molitor venait de pénétrer Les deux colonnes françaises se rejoignirent au milieu de la ville

Les combats d'Hendorf et de Moeskirch firent le plus grand honneur a la 38e demi-brigade Le sous-lieutenant Lombard et le sergent major Massoni furent promus au grade supérieur sur le champ de bataille. Le grenadier Livion, le caporal Rameau et le fusilier Cheviot furent cités à l'ordre de l'armée et obtinrent plus tard des armes d'honneur.

Peu de temps après Moeskirch, la 38e passe dans la division Gudin et sous les ordres du général de brigade Laval, mais elle continue a faire partie du corps de Lecourbe Le 27 mai, elle se trouvait à l'avant-garde de l'armée lorsqu'en arrivant au pont de Landsberg, sur le Lech, elle attaqua si vivement les postes ennemis qu'elle franchit le pont avec eux et ne leur laissa pas le temps de le faire sauter. Le lendemain, elle entrait à Ausbourg, où elle resta jusqu'au 3 juin, elle se replia ensuite sur Buchloé. Le 11 juin, le général Moreau ayant décidé de faire un grand mouvement de conversion la droite en avant, pour gagner le bas Danube et menacer la dernière communication des Autrichiens, le corps de Lecourbe reçut l'ordre de marcher de nouveau sur le Lech.

Tous les ponts avaient été rompus ; la rivière, grossie par la fonte des neiges, n'était guéable sur aucun point ; les plus favorables pour le passage étaient defendus par des postes retranchés et par de l'artillerie. La 38ᵉ demi-brigade fut chargée de de tenter le passage à Kaufingen, un peu au-dessous de Landsberg. Pendant que nos tirailleurs entretenaient un feu très-vif avec les postes ennemis de la rive droite, une compagnie de grenadiers passait la rivière à la nage. Le grenadier Janniere se fit remarquer par son sang-froid et sa bravoure Il arriva le premier sur la rive droite, malgré un feu très-nourri de mousqueterie et d'artillerie et, sans attendre l'arrivée des grenadiers, se porta hardiment en avant. Il ne tarda pas à être suivi par un très-grand nombre de ses camarades ; ils attaquèrent sans retard les positions occupées par les troupes bavaroises et les en chassèrent. Le pont fut rétabli ainsi que celui de Landsberg.

Après avoir pris une part glorieuse aux combats de Schweningen et de Neresheim, la 38ᵉ fut envoyée dans le Tyrol pour concourir à l'attaque des positions occupées par l'armée du prince de Reuss et en particulier à celle de Feldkirch. Partie d'Immenstadt le 12 juillet avec la brigade Laval, par la route de Staufen, elle entra par Krombach dans la forêt de Bregentz, et suivit l'etroite vallee de l'Ach qui la traverse, elle remonta ensuite ce torrent en passant par Schwartzenberg et Mellau, jusqu'au pied des hautes montagnes du Voralberg, elle s'eleva par la petite vallée de l'Argenbach jusqu'à Damils, d'ou elle pouvait descendre dans la vallée de Montafou, sur les derrières de Feldkirch, et couper la retraite au général Jellachich. Un succès complet fut le résultat de cette marche audacieuse et qu'avait si bien combinée Lecourbe, reconnu dans toutes les armées de l'Europe comme un grand capitaine, digne successeur du fameux duc de Rohan pour la guerre de montagne. Le général Jellachich évacua Feldkirch pendant la nuit du 13 au 14 juillet.

L'armistice permit aux soldats de l'armée du

Rhin de prendre quelques jours de repos. A la reprise des hostilités, la 38e fut chargée, le 30 novembre, de s'emparer du pont de Rosenheim. Elle le fit avec la même bravoure et le même succès que dans les combats précédents. Le tambour Gauthier arriva le premier sur la rive ennemie et fit plusieurs prisonniers. Il fut cité à l'ordre de l'armée et reçut des baguettes d'honneur.

A la bataille de Hohenlinden, le 2 décembre, le corps de Lecourbe fut à peine engagé ; le grenadier Magot trouva cependant l'occasion de se distinguer en enlevant a l'ennemi une pièce de canon.

Au moment où la campagne allait se terminer, la 38e demi-brigade se signala encore au combat du 12 decembre, sur les bords de la Salza, où elle degagea la division Montrichard qui se trouvait attaquée et débordée par le gros des forces autrichiennes.

Le 3e bataillon du 38e de Ligne à l'assaut de Zaatcha en 1849

Zaatcha ressemblait à une petite place de guerre du moyen-âge. Des tours carrees s'elevaient de distance en distance, reliées entre elles par des

maisons crénelées. Un chemin de ronde, abrité par
un mur, bordait le fossé. Les défenseurs pouvaient,
du reste, circuler librement à la partie supérieure
par les terrasses et, à l'intérieur, par des commu-
nications ouvertes a cet effet, de maison en maison.
La garnison était commandée par le fanatique Bou-
Zian, ancien cheik de l'Emir Abd-el-Kader.

Le corps expéditionnaire, d'abord formé de
quatre mille hommes, sous le commandement du
général Herbillon, ancien colonel du 38e, parvint
le 7 octobre devant Zaatcha. Le seul moyen qui
s'offrit d'approcher de la place, consistait en la
conquête successive des jardins dont il fallait
ensuite créneler les murs, réparer les brèches en
prenant soin d'abriter les factionnaires des feux
de flanc et de revers. Chaque créneau devait être
gardé avec la plus scrupuleuse attention. Jamais
peut-être les Arabes n'avaient fait preuve de plus
de méthode et de plus d'habileté dans leur tir tout
homme qui se découvrait était touché.

Il fallut gagner, de jardin en jardin, les deux
extrémités de la face de Zaatcha qui regarde la
mosquée de Zaouïa. Tantôt c'était une irruption sur
nos travailleurs les plus avancés, tantôt c'étaient de
grands feux allumés pour éclairer la tranchée et
assurer ainsi l'effet d'une vive fusillade, tantôt

enfin, c'étaient des fanatiques qui venaient tomber au pied des retranchements, arrêtés par le sang-froid de nos vieilles troupes d'Afrique, et d'autres plus audacieux encore qui se faisaient tuer pour enlever les cadavres des leurs.

Le 3e bataillon du 38e de ligne arriva devant Zaatcha le 12 octobre; il faisait partie d'une colonne de quinze cents hommes de toutes armes, commandés par le colonel du régiment, M. de Barral. Les travaux d'approche reçurent une impulsion nouvelle. Deux brèches furent ouvertes et le fossé fut comblé devant celle de gauche. Le 20 octobre, le général Herbillon ordonna une attaque de vive force. Malgré l'héroïsme de nos troupes, il fut impossible de pénétrer dans Zaatcha.

Le 25, trois brèches étaient praticables ; le fossé plein d'eau qui environnait le village était comblé sur ces trois points. Le général prit toutes ses dispositions pour donner l'assaut. Le 26, trois colonnes sont formées dans les tranchées : celle de droite, commandée par le colonel Canrobert, est composée des zouaves et du 5e bataillon de chasseurs ; celle de gauche, sous les ordres du lieutenant-colonel de Lourmel, est composée du 8e de ligne et d'un bataillon du 43e de ligne, enfin, celle du centre est sous les ordres du brave colonel de

Barral et comprend le 3ᵉ bataillon du 38ᵉ, commandant Manuel, le 8, bataillon de chasseurs à pied et
une compagnie de zouaves.

Le colonel de Barral partage ses troupes en deux
colonnes ; la première, sous les ordres du commandant de Bras-de-fer des chasseurs à pied, composée
de la compagnie de voltigeurs du 38ᵉ, d'une compagnie du 8ᵉ bataillon de chasseurs, de la compagnie
de zouaves et de la compagnie de grenadiers du 38,
doit monter à l'assaut, la deuxième colonne, qui
doit suivre immédiatement, est sous les ordres du
commandant Manuel, et se compose des compagnies
du centre du 3ᵉ bataillon du 38ᵉ et des autres compagnies du 8ᵉ bataillon de chasseurs.

Le commandant Bourbaki, avec son bataillon et
quelques compagnies du 51ᵉ et de chasseurs à pied,
reçoit l'ordre d'aller prendre position du côté du
village opposé à celui par lequel on doit entrer, afin
de couper la retraite aux défenseurs.

A 7 heures du matin, toutes les colonnes sont
disposées Le signal est donné, la charge sonne ! Les
trois colonnes, précédées de leurs chefs, s'élancent
avec enthousiasme, a droite, le colonel Canrobert
est fusillé des terrasses. Quatre officiers, quinze
soldats de bonne volonté l'accompagnent en tête de
colonne : il n'en revient que deux officiers et deux

soldats et encore sont-ils blessés. Mais rien n'arrête les zouaves et bientôt le drapeau français flotte sur l'une des terrasses les plus élevées. Au centre, le colonel de Bural rencontre de tels obstacles, qu'il est obligé d'appuyer a droite et bientôt il s'elance dans l'une des rues et traver e la place. Le capitaine Berthieux des voltigeurs du 38ᵉ est blessé en sortant de la tête de sape, son sergent-major est blesse a côté de lui, mais la compagnie continue et parvient la première sur la breche. A gauche, le lieutenant-colonel de Lourmel franchit rapidement les decombres malgré la vivacité du feu, il se trouve a quatre mètres au-dessous du niveau d'une autre rue, il s'y precipite et bientôt donne la main aux autres colonnes

La plupart des terrasses et des rues étaient occupées a huit heures et demie, mais pas un défenseur n'avait fui. Le feu se soutenait partout dans les decombres. Il fallut faire le siege de chaque maison, la mine fut le seul moyen de reduire ces fanatiques.

Bou-Zian tient le dernier. Il s'est retiré dans une maison solide remplie des Arabes les plus exaltes. On fait avancer une pièce de montagne pour la battre en breche, mais les servants sont percés de coups de feu. Deux sacs de poudre ne produisent aucun effet, ce n'est qu'au troisième qu'un pan de mur tombe. Nos soldats se précipitent. Ils sont reçus à coup de fusil. Tous les defenseurs, y compris Bou-Zian, et le marabout Si-Moussa sont passés par les armes. La tête de Bou-Zian est apportée au général Herbillon. A neuf heures, la garnison de Zaatcha toute entière a cessé de vivre et les Français en culent librement dans le village.

On peut estimer à huit cents le nombre des cadavres ennemis qu'on foulait aux pieds, sans compter ceux qui étaient ensevelis dans les décombres, c'étaient, pour la plupart, des hommes jeunes et ardents, accourus pour la guerre sainte.

Nos vieilles troupes d'Afrique soutinrent dignement leur réputation. Cette victoire leur coûtait cinquante et un jours de tranchée ouverte, autant de nuits de veille que de nuits de repos, autant de combats à la tranchée que de journées de travail, quatre affaires sérieuses contre l'ennemi extérieur, deux affaires pour sauver nos convois, enfin, il fallut livrer deux assauts meurtriers et faire le siége de chacune des maisons et de chacun des etages de ces maisons.

Le colonel de Bural fut promu au grade de général de brigade, en recompense de sa belle conduite à l'assaut de Zaatcha.

11'

Le 38ᵉ de Ligne et le 38ᵉ de Marche à l'armée de la Loire

1870-1871

Vers le milieu d'octobre 1870, deux régiments d'infanterie portant le même numéro rejoignaient l'armée de la Loire, l'un à Nevers, l'autre à Blois. Le premier, le 38ᵉ de ligne, venait d'Afrique; il fut incorporé dans la première division du 15ᵉ corps. Le second, le 38ᵉ de marche, d'origine récente, venait du Mans où il avait été formé avec les détachements dirigés sur cette ville des dépôts de dix-huit anciens régiments; il entra dans la composition de la deuxième brigade de la deuxième division du 16ᵉ corps.

Dès les premiers jours du mois de novembre, l'armée de la Loire, cette armée que la France avait trouvé le moyen d'improviser en quelques jours, après les désastres de Sedan et de Metz, se prépara à prendre l'offensive. Le 9, elle livra la bataille de Coulmiers.

Pendant cette journée qui devait se terminer par un succès, le seul que les allemands ne puissent pas nous contester pendant cette malheureuse campagne, le 38ᵉ de marche reçut le baptême du feu, et du premier coup, se montra digne de venger les vieux régiments écrasés sous le nombre à Woërth, à Forbach et à Sedan.

Vers 3 heures de l'après-midi, la première brigade de la division Barry voyait tous ses efforts inutiles et ne parvenait pas à s'emparer du village et du parc de Coulmiers. La deuxième brigade fut envoyée pour soutenir la première ; on lui donne pour objectif le clocher de Coulmiers et l'ordre d'arriver coûte que coûte Pour appuyer cette attaque, le général d'Aurelle fait battre la position par deux batteries de 12, placées derrière le parc de Grand-Lus.

Le premier bataillon du 38° de marche dirige son attaque sur la droite du village ; le deuxième sur le village même et le troisième sur le château et le parc. L'attaque est rude et meurtrière ; les morts s'entassent devant les maisons de Coulmiers. Enfin, au prix de grands sacrifices, le succès couronne la vaillance de nos soldats. Les trois premières compagnies du troisième bataillon, dirigées par le lieutenant-colonel Baille lui-même, enlèvent avec un entrain irrésistible le parc du château. Ce premier succès détermine la retraite des Bavarois qui défendent le village. Quelques centaines

d'hommes du 31e de marche, qui avaient perdu
leur régiment pendant la marche en avant, se joi-
gnent au 38e, et tous ensemble se précipitent dans
Coulmiers.

A quatre heures et demie, les Français étaient
maîtres de la position et les Bavarois opéraient
leur retraite dans la direction de Saint-Péravy. La
bataille était gagnée

Le 38e de marche perdit dans cette journée trois
officiers et deux cents hommes tués ou blessés.

Tandis que le gros de l'armée du général d'Aurelle
battait les Allemands à Coulmiers, la division du
général Martin des Pallières, première du 15e
corps, avait passé la Loire à Sully et descendait la
rive droite, dans l'intention de prendre l'ennemi a
revers. Ayant entendu le canon comme il entrait
à Trainou, le général des Pallières se dirigea
immédiatement sur Orléans; mais il faisait déjà
nuit lorsqu'il arriva à l'entrée de la ville. Les
troupes de cette division firent dans cette journée
onze lieues sans prendre aucune nourriture, sans
s'accorder un instant de repos, elles marchèrent
pendant quatorze heures sans laisser de traînards,
faisant preuve d'une réelle énergie et d'une
remarquable bonne volonté

Dans la nuit du 9 au 10, le capitaine adjudant-major Jacquey, du 38ᵉ de ligne, pénétra dans Orléans avec 400 hommes du régiment et quelques mobiles et s'empara de tous les postes que les Bavarois y occupaient encore. Il ramena au camp 1,000 ou 1,200 prisonniers et 400 chevaux.

La bataille de Coulmiers avant servi d'épreuve à l'armée de la Loire et avait montré tout ce que l'on pouvait en attendre. Mais la supériorité numérique de l'ennemi était encore trop considérable pour qu'il fut possible de continuer la marche en avant sur Paris. Le mois de novembre fut employé a former de nouveaux corps d'armée et a fortifier les positions que nous occupions autour d'Orléans.

Le 30 novembre, il fut décidé que l'on ferait exécuter a l'aile gauche de l'armée un mouvement de conversion a droite, de manière a porter tous les corps sur Prithiviers.

Le 1ᵉʳ décembre, le 16ᵉ corps se porta en avant. La division Bury occupa sans coup férir le village de Terminiers. Le lendemain, tout le 16ᵉ corps se mettait en mouvement dès 7 heures 1 2 et s'avançait résolument sur les premières positions des Allemands Lumeau, Goury et Beauvilliers. Il marchait sur quatre colonnes de brigade, les régiments étant en ligne de bataillon,

en colonne à demi-distance et précédés d'une
double ligne de tirailleurs, A droite, la troisième
division s'avançait sur Lumeau. Au centre, la
division Barry, r   Loigny et Goury. Le 38ᵉ
marchait en tête de la deuxième brigade. A gauche
la cavalerie du général Michel devait déborder la
ligne ennemie. La première division était en
réserve derrière la deuxième, La bataille com-
mença vers 9 heures devant Loigny par la
deuxième brigade de la division Barry, contre les
avant-postes de la quatrième brigade Bavaroise.
Les Bavarois, vivement pressés, se replièrent sur
la ferme Beauvilliers et sur le parc de Goury, où le
gros de leur 4ᵉ brigade venait de s'installer avec
trois batteries qui ne tardèrent pas à être renforcées
par trois autres et une partie de la troisième
brigade.

Le troisième bataillon du 38ᵒ de marche, qui
venait de repousser victorieusement les avant-
postes de Loigny, traversa le village et se déploya
à la sortie. Les deux premiers bataillons se por-
tèrent directement sur le château de Goury et sur
la ferme Beauvilliers.

Cette attaque était prématurée et n'avait pas
été préparée suffisamment par l'artillerie. Le
parc et le château de Goury, ainsi que les fermes

division ne cèdent le terrain que pas à pas et,
malgré le désordre que cette retraite jette dans les
rangs, elles parviennent à se maintenir a la hauteur
de Loigny et donnent le temps à la brigade
Bourdillon, de la première division, de venir les
soutenir. Les deux premiers bataillons du 38e se
rallient et s'embusquent dans les fossés de la route
de Chartres. Le troisième bataillon est tout entier
déployé sur la lisière du village le Loigny et s'y
maintient énergiquement.

Vers deux heures, l'attaque de Goury est reprise.
Le troisième bataillon du 38e de marche est en première ligne, il est soutenu par plusieurs compagnies
de mobiles et de chasseurs. Cette fois les feux
meurtriers qui partent du château n'arrêtent pas
nos soldats, ils parviennent dans le parc et refoulent
les défenseurs dans l'intérieur du château. Malheureusement, ce dernier effort a trop affaibli les
assaillants. Le château brave toutes leurs attaques
et les Bavarois reviennent en plus grand nombre.
Leurs tirailleurs, abrités derrière les murs et les
bâtiments du château, entretiennent un feu très-
vif dont les effets meurtriers causent de très-grands
vides parmi les Français.

La droite de la division Barry ne tarde pas à être
débordée, car la division Maurandy, après avoir

tenté une attaque infructueuse, vient d'être rejetée en désordre en arrière de Neuvillers et la 17e division prussienne arrive au secours des Bavarois. Toute la division de réserve a été engagée et le 17e corps ne se montre pas encore.

Prussiens et Bavarois reprennent l'offensive et refoulent les bataillons français sur Loigny, Morale et Villepion. Le 3e bataillon du 38e prend de nouveau position à l'entrée du village de Loigny. Il a perdu dans cette malheureuse attaque plus de la moitié de son effectif et de ses cadres. Le lieutenant-colonel Baille, qui a donné à tous l'exemple de la bravoure et du sang-froid, a eu son cheval blessé sous lui.

Vers 3 h. 1/2, le 16e corps est assailli par des forces supérieures ; pressé de front par les troisième et quatrième brigades bavaroises, à gauche par la deuxième et à droite par la 17e division prussienne, écrasé sous les feux croisés de quatre-vingts pièces, il fait néanmoins bonne contenance et riposte de son mieux. La certitude d'un prochain secours du 17e corps soutient encore les courages. Mais au lieu du secours attendu, c'est la gauche française qui se trouve gravement menacée. Une masse de cavalerie allemande avec de l'artillerie, a repoussé la cavalerie du général Michel et s'est avancée jusqu'à la

ferme de Chanvreux, d'où elle bat le flanc gauche
et le revers du 16. corps, en outre, elle a empêché
la troisième division du 17. corps, qui vient
d'arriver à Villepion, de continuer sa route.

Les Français, cédant au nombre après une
défense héroïque, abandonnaient à l'ennemi le
village de Loigny lorsqu'une partie du 17ᵉ corps
entra en ligne. Les batteries allemandes se taisent
et l'on entend vers la droite le canon du 15. corps.
Aussitôt l'espoir renaît dans tous les cœurs. Un
nouvel effort sera tenté.

Les débris du 16ᵉ corps, bataillons épars de tous
les régiments des trois divisions et les troupes les
plus rapprochées du 17. corps se groupent et
s'élancent à l'assaut, guidés par le général de Sonis
qui s'est mis à la tête des zouaves pontificaux Le
village de Loigny est attaqué de tous les côtés. La
vigueur de l'attaque surprend l'ennemi et le force
à reculer. Quelques maisons sont occupées, ainsi
que l'église et la lisière de l'ouest. La lutte continue dans le village, elle redouble aux alentours.
On s'y fusille et on s'y canonne presque à bout
portant. Le sol se couvre de cadavres et de blessés.
Le général de Sonis est atteint par un obus qui lui
brise la cuisse. Le général de Bouillé, son chef
d'état-major, et le colonel de Charrette tombent à

ses côtés. Les vaillants soldats qui les suivent sont décimés par les feux de mousqueterie et écrasés par les obus, les officiers succombent les uns après les autres, ils restent sans chefs et se battent sans direction.

La nuit était venue, nuit obscure et glaciale qui rendait la continuation de la lutte impossible et qui devait être si funeste à nos malheureux blessés. Le champ de bataille n'était éclairée que par les lueurs rougeâtres de l'incendie du village de Loigny et de quelques termes des environs. Les derniers survivants de cette lutte héroïque profitèrent de l'obscurité pour se dégager. Quelques-uns cependant, soutenus par un courage invincible et le désir de venger la mort de leurs camarades, continuèrent la lutte et soutinrent tout un siége dans la partie occidentale du village.

Les pertes des Français dans cette malheureuse journée étaient considérables. Le 38e de marche fut un des plus éprouvés. Il perdit douze cents hommes tués ou blessés, dont cinq officiers tués et douze blessés.

Le jour de la bataille de Loigny, le 38e de ligne ne fut pas engagé. Le lieutenant-colonel Courlot était détaché à Courcy avec les premier et troisième bataillons, pendant que le deuxième tenait les tranchées de Santeau, près de Chilleurs.

Le 3 decembre, vers 10 heures, les Allemands attaquèrent les positions que la division des Palhières occupait près de Chilleurs. Après un combat de deux heures, pendant lequel le deuxième bataillon du 38ᵉ de ligne defendit énergiquement les tranchees de Santeau, nos batteries se trouvaient demontees et le village de Chilleurs brûlait. La retraite s'opera sur Orleans.

Le detachement de Courcy, sous les ordres du lieutenant-colonel, resta dans ses positions toute la journee. Prevenu de l'abandon de Chilleurs et de la retraite de l'armee, il profita de la nuit pour traverser la forêt d'Orléans, deja sillonnée par les colonnes prussiennes et, après une marche des plus pénibles, il parvint à gagner le faubourg de Bourgogne ou il prit position.

Après les évenements des 2 et 3 décembre, la retraite de l'armée française derrière la Loire et l'abandon d'Orleans devenaient inévitables. On se battit cependant toute la journée du 4, dans les positions que l'on avait fortifiées avec tant de soins, dans l'intention de créer autour d'Orléans un vaste camp retranché. Le 38ᵉ de ligne défendit avec acharnement le faubourg de Bourgogne et eprouva des pertes sérieuses. Il eut vingt-cinq hommes tués et cinquante blessés. Il fit preuve, dans cette journée, d'une fermeté et d'une énergie remarquables. Les hommes des premier et troisième bataillons n'avaient pas mangé depuis la veille, et, après une marche de nuit très-pénible, ils tinrent, sans faiblir, les positions qui leur étaient confiées. Au milieu de la débandade génerale pas un seul homme ne quitta les rangs.

Le 4 au soir, l'armée française se trouvait coupée en deux les 16e et 17e corps sur la rive droite de la Loire, les 15e, 18e et 20e corps sur la rive gauche. Le gouvernement de la Défense nationale, confirmant l'état de fait, supprima la denomination de l'armée de la Loire pour en faire deux l'une sous les ordres du général Chanzy, l'autre sous les ordres du général Bourbaki.

C'est ainsi que le 38e de ligne et le 38e de marche cessèrent de faire partie de la même armée. Le premier prit part à la campagne du général Bourbaki dans l'Est. Le second concourut aux opérations de la deuxième armée de la Loire et tous deux ont su soutenir, en toutes circonstances, l'honneur du numéro qui leur était commun.

RÉSUMÉ

DE

L'HISTOIRE DU RÉGIMENT

Il n'est pas de soldat, vraiment digne de ce nom, dont le cœur n'ait battu d'une noble émotion en lisant dans l'histoire un fait glorieux se rapportant au numéro de son régiment.

L'amour du Drapeau exige avant tout que le soldat connaisse l'histoire de son régiment, ainsi que les brillants faits d'armes et les nobles actions qui l'ont illustré. Le régiment est une vraie famille possédant sa généalogie, ses titres de noblesse, ses traditions et jusqu'à ses alliances. L'illustration de cette famille s'accroît de tous les souvenirs glorieux laissés par ceux qui ont porté son nom.

La chaîne des traditions a été interrompue pour tous les régiments d'infanterie à deux époques de notre histoire, en 1793 et en 1815. Il n'existe plus

qu'un lien de numéro entre l'ancien régiment de
Dauphiné, les demi-brigades de la République et
le 38ᵉ actuel. Ce dernier ne date que de 1820,
époque a laquelle tous les régiments de l'armée
française furent réorganisés, mais il n'en a pas
moins recueilli le bel héritage laissé par les corps
d'infanterie qui ont porté le numero 38. Il reven-
dique tous leurs titres de gloire. Ce numero 38, que
nos devanciers ont illustré sur les champs de bataille, est le nom de famille du Régiment. Son drapeau porte les noms glorieux de .

JEMMAPES :	1792.
St-GOTHARD :	1799.
MOESKIRCH .	1800.
ZAATCHA .	1849.

Ces quatre noms résument toute son histoire.

Jemmapes · c'est la dernière victoire du vieux
régiment de Dauphiné, du premier corps d'infanterie qui ait inscrit sur son drapeau le numéro 38.

St-Gothard et *Moeskirch* ce sont les deux plus
belles pages des fastes de l'héroïque 38ᵉ demi-brigade qui se montra aussi brave et aussi dévouée
sous le climat meurtrier de St-Domingue et sur
les sommets glacés des plus hautes montagnes de

l'Europe que dans les plaines de l'Allemagne.

Zaatcha · c'est le plus beau fait d'armes. du nouveau 38° le glorieux combat où nos soldats se montrèrent les dignes successeurs des soldats du grand Condé et de Lecourbe.

1. Régiment de Dauphiné (ancien 38°).

Sous l'ancienne monarchie, chaque régiment avait un numéro distinct, mais ce numéro ne rappelait que le rang d'ancienneté du régiment. On le désignait habituellement par le nom de son colonel.

Jusqu'en 1762, le 38° régiment d'infanterie a donc changé de nom autant de fois qu'il a changé de chef; à cette époque il prit définitivement le titre de la province de Dauphiné. Pour savoir les noms qu'il a successivement portés jusqu'en 1762, il suffit de se reporter à la liste des colonels qui ont commandé le corps depuis sa formation, liste qui termine le présent résumé.

Le régiment était d'origine Lorraine et a eu pour fondateur un membre de la famille de Nettancourt. Il fut levé en vertu d'un ordre du 26 octobre 1629 par le marquis de Nettancourt, capitaine au régiment de Vaubecourt, au moment où Louis XIII armait contre la Savoie. Le régiment fait ses premières armes au siège de Verdun en 1631, puis il passe le Rhin, sert sous les ordres du maréchal de Goesbriand et se fait déjà remarquer à la bataille de Kampen (1642) et au siège de Rothweil (1643).

Il sert ensuite sous les ordres de Condé et de Turenne. En 1644, il fait des prodiges de valeur à la sanglante bataille de Fribourg. L'année suivante, il est a Nordlingen où il venge la défaite de Mariendhal.

Pendant les guerres civiles de la Fronde, il est constamment fidèle au devoir et se distingue à Rethel, à Villeneuve-St-Georges et au combat du faubourg St-Antoine.

Sa belle conduite au siège de Grave (1674) le place au premier rang parmi les régiments français les plus solides. Il soutient dignement son renom de bravoure à l'assaut de Girone (1684) et au siège de Lille (1702) A ce dernier siège, il perdit, le jour de l'assaut, treize officiers et plus de trois cents soldats.

Toujours brave, mais toujours éprouvé, le régiment fait, sous le nom de Charrost, de 1703 a 1709, les campagnes de Souabe, de Franconie et de Flandre. Il se distingue à Oudenarde et à Malplaquet où son brave colonel est tué avec un grand nombre de ses officiers.

Les années suivantes. les deux sièges de Douai et de Landau ajoutent de nouveaux lauriers à sa couronne.

Pendant la campagne de 1742, il sert sous les ordre de Maurice de Saxe. Il se fait surtout remarquer par l'intrépidité avec laquelle il soutient la retraite de l'armée, toujours à l'arrière-garde, il sauve un jour, par sa vigueur et sa bravoure un parc de dix bouches à feu.

L'année suivante, à la bataille de Dettingen, son colonel, le comte de Noailles, voulut porter lui-même le drapeau de la compagnie Colonelle et eut deux chevaux tués sous lui; le régiment fit des prodiges de valeur. Il assista en 1746 à la bataille de Raucoux et se couvrit de gloire à l'a saut de Berg-op-Zoom (1747).

Dix ans plus tard, la défense du pont de Weissenfels immortalisa les grenadiers des capitaines Chabert et de Grèze.

La même année, le Régiment perdit quatre cents hommes à la désastreuse bataille de Rosbach.

En 1789, le Régiment de Dauphiné se fit remarquer par son calme et sa modération autant que par sa discipline et son zèle pour le bon ordre, lors de l'émeute de Toulon, le 30 novembre.

La loi du 1er janvier 1791 qui fixa la compo-

sition de l'armée, prescrivit la suppression des
noms portés par les Régiments et ne les distingua
plus que par leurs numéros. Le Régiment de
Dauphine prit le numéro 38, qui marquait son
rang d'ancienneté parmi les régiments d'infanterie,
à l'époque de la nouvelle loi.

En 1792, le deuxième bataillon du 38e se
trouvait à Sedan au moment de la déclaration de
guerre du 20 avril ; il fut dirigé sur l'armée du
Nord-Est et prit une part glorieuse a la bataille de
Jemmapes, le 6 novembre. Il est entré en 1794
dans la composition de la 76e demi-brigade. Cette
demi-brigade, envoyée en 1795 à l'armée des côtes
de l'Océan, est entrée en 1796 dans l'organisation
de la 76e nouvelle qui est devenue successivement
76e Régiment de l'Empire, Légion de la Nièvre et
3e de ligne actuel.

Le premier bataillon du 38e demeura à Belfort
jusqu'au mois d'août 1792. Il passa en 1793 à
l'armée des Ardennes et servit sous les ordres de
Jourdan jusqu'en 1794. Il fut versé le 19 juin
1795 dans la 75e demi-brigade, fondue le 15 mars
1796 dans la 56e nouvelle, qui s'est distinguée à
l'attaque de Kelh et à la défense d'Huningue et
est devenue le 56e régiment de ligne en 1803.
Celui-ci, qui était alors à Genève, a fait partie de

l'armée d'Italie jusqu'en 1808 ; il est arrivé à la fin de cette même année dans les Pyrénées-Orientales, et a été partagé entre les armées de Catalogne et d'Allemagne. En 1812, il était en entier en Russie. Il a fait les campagnes de Saxe et de France en 1813 et 1814, ainsi que celle de 1815. Il a concouru à la formation de la Légion du Nord, 28ᵉ de ligne aujourd'hui.

II — 38ᵉ DEMI-BRIGADE DE PREMIÈRE FORMATION

La loi du 21 février 1793 supprima les anciens régiments et ordonna l'amalgame ou l'embrigadement des volontaires et des troupes de ligne. Cette loi ne fut exécutée qu'en 1794. Chaque demi-brigade se composa d'un bataillon de vieilles troupes et de deux bataillons de volontaires.

La demi-brigade qui prit le numéro 38 fut formée, le 4 août 1794, du deuxième bataillon du régiment de Flandre, du premier bataillon de volontaires de la Somme et du troisième bataillon de l'Aube.

Elle fut appelée, en 1795, à l'armée de l'intérieur et contribua à la répression des troubles qui agitèrent Paris dans les premiers temps du Directoire.

Le décret du 1ᵉʳ février 1796 ordonna la réorganisation complète des 238 demi-brigades exis-

tantes On organisa 140 demi-brigades nouvelles.
Le numérotage de ces nouvelles demi-brigades
fut reglé sans avoir égard aux numéros des demi-
brigades de 1794.

La 38ᵉ demi-brigade de première formation a
donc concouru, le 1ᵉʳ août 1796, à la formation de
la 21ᵉ nouvelle, qui, dirigée d'abord sur l'armée
du Nord, a été envoyée en 1799 en Italie et en
1800 en Batavie, et est devenue en 1803 le 21ᵉ
régiment de ligne. Celui-ci a été versé en 1815
dans la légion de l'Ardèche devenue en 1820 le
4ᵉ léger et plus tard le 79ᵉ de ligne.

III. — 38ᵉ DEMI-BRICADE DE DEUXIÈME FORMATION

La 38ᵉ demi-brigade de deuxième formation fut
organisée le 30 mars 1796. Elle se composa des
anciennes 42ᵉ et 200ᵉ demi-brigades.

La 200ᵉ demi-brigade de première formation
avait été formée avec le deuxième bataillon de
Saône-et-Loire, le troisième bataillon de la Manche
et le onzième bataillon de la Meurthe.

La 42ᵉ demi-brigade de première formation
avait été formée le 23 juin 1794] avec le deuxième
bataillon du Régiment de Guyenne, le troisième
bataillon de la Corrèze et le premier bataillon des
Amis du Bas-Rhin.

avoisinantes, étaient solidement occupés par les
bavarois qui avaient crénelé tous les murs. Leurs
batteries étaient bien placées, bien abritées, et
couvraient de leurs feux tous les abords de la
position.

L'ennemi, surpris d'abord par la violence de
l'attaque, ne tarda pas à s'apercevoir de la faiblesse
des assaillants ; il se reforma et couvrit d'une grêle
de projectiles les malheureux bataillons qui s'avan-
çaient à découvert entre Goury et Beauvilliers. En
moins de quelques minutes, les deux premiers
bataillons du 38ᵉ perdent plus de la moitié de leur
effectif. Le commandant Gariot est tué; le commandant de Mornac est blessé et avec eux tombent les
capitaines de Santi, Guillaume, Giordani et Bertrand.
Mais tous ces sacrifices sont inutiles ; les troupes
de la division Barry ne sont pas soutenues et
l'attaque s'arrête.

La première brigade ayant échoué devant les
fermes Morale et Beauvilliers. La troisième division
Maurandy était restée en arrière, arrêtée par les
feux des batteries de Lumeau.

Cependant les Bavarois reçoivent des renforts
et se préparent à prendre l'offensive. La troisième
brigade Bavaroise se porte en avant et rejette la
division Barry sur Loigny. Les troupes de cette

Le Régiment de Guyenne était un des plus anciens de l'armée Il avait été levé en 1610 par un membre de la famille de Nettancourt-Vaubecourt, et chose remarquable, c'est avec des Compagnies tirées de ce Régiment que fut formé, en 1629, le régiment qui devait prendre plus tard le numero 38.

Le Régiment de Guyenne s'était illustré pendant la campagne de la Valteline en 1624, au siége de la Rochelle en 1626 et à celui de Rosas en 1645, à la bataille du Saint-Gothard en 1664, dans la défense de Landau en 1702 et dans l'attaque de cette même place en 1713 ; au combat du Col de l'Assietta en 1747 et a la bataille d'Hastembeck en 1756. Au moment où il fut versé dans la 42e demi-brigade de 1794, il venait de se couvrir de gloire dans la belle défense de Landau et la *Convention nationale décrétait « qu'il avait bien mérité de la Patrie. »*

La 38e demi-brigade, qui hérita du deuxième bataillon de Guyenne, ne pouvait manquer de s'illustrer dans cette lutte gigantesque soutenue par la France contre toute l'Europe coalisée Elle fit la campagne de 1796 sous les ordres de Moreau et se distingua particulierement au combat de Bregentz.

En 1799, elle faisait partie de la division Lecourbe.

Pendant la glorieuse et mémorable campagne de
Suisse, elle se vit constamment sous les ordres de
cet habile et vaillant général et mérita souvent
d'être citée pour sa belle conduite et son dévouement à toute épreuve. Elle prit une part glorieuse
aux opérations dont l'Engadine fut le théâtre du 6
mars au 3 mai, ainsi qu'aux combats livrés autour
du Saint-Gothard et dans la vallée de la Reuss
pendant les mois de mai, juin, juillet et août. Du
23 septembre au 8 octobre elle se signala dans la
lutte glorieuse que quelques bataillons français
soutinrent contre les vingt mille russes que Souvaroff
amenait d'Italie, croyant porter le dernier coup aux
armées de la République.

En 1800, la 38ᵉ demi-brigade fit partie de l'aile
droite de l'armée du Rhin et continua à servir sous
les ordres du général Lecourbe. Après avoir pris
une part glorieuse au combat de Stockach (3 mai)
elle se signala par son héroïsme à la bataille de
Moeskirch le 5 mai, où elle enleva, après avoir
éprouvé des pertes nombreuses, le village d'Hendorf et contribua à la prise de Moeskirch.

Le 11 juin, la 38ᵉ passa le Lech à la nage et
chassa les impériaux de toutes les positions qu'ils
occupaient sur la rive droite. Elle eut aussi sa part
de succès dans la diversion opérée par le général

Lecombe contre les positions que l'armée du prince de Reuss occupait dans le Tyrol.

A la suite de ces deux belles campagnes, la 38ᵉ demi-brigade eut une large part dans les récompenses que le premier consul accorda aux armées de la République. Elle fut une de celles qui méritèrent le plus grand nombre d'armes d'honneur.

En 1802, la 38ᵉ fait partie de l'expédition de Saint-Domingue sous les ordres du général Leclerc et est incorporée dans la division Desfourneaux. Elle se montra digne de son passé, dans cette guerre d'un genre tout nouveau, où elle avait a triompher des obstacles réunis ' terrain, du climat et du nombre d'ennemis. La 38ᵉ est citée à l'attaque du bourg du Limbé le 17 février 1802. Malheureusement le succès ne couronna pas les efforts de nos héroïques soldats. Les maladies décimèrent les troupes expéditionnaires, et lorsqu'il fallut évacuer l'île, les débris de la 38ᵉ demi-brigade furent versés dans la 37ᵉ.

La 38ᵉ demi-brigade ne fut pas reconstituée, et lorsque le premier consul réorganisa les régiments, le numéro 38 resta vacant.

IV. — 38ᵉ RÉGIMENT DE LIGNE

En 1815, on supprima de nouveau les régiments pour créer des légions départementales. Enfin en 1820, on en revint à l'ancienne organisation des régiments. Les légions servirent à former les nouveaux régiments. La légion de Seine-et-Oise forma le 38ᵉ de ligne.

La légion de Seine-et-Oise avait été formée avec le 34ᵉ régiment de ligne de l'empire. Ce régiment a fait les campagnes d'Allemagne et de Prusse de 1805 à 1808. De 1809 à 1813, il est aux armées d'Espagne et de Portugal, se distingue au combat d'Arrojo-Molinos, sert en 1814 dans les Pyrénées et prend part à la bataille de Toulouse.

Le 34ᵉ régiment de ligne avait été formé en 1803 avec la 34ᵉ demi-brigade. Cette demi-brigade avait reçu, le 19 février 1797, les débris de trois vieux régiments Royal-Vaisseaux, Languedoc et Angoumois.

Le régiment Royal-Vaisseaux datait de 1638 et s'était illustré pendant la campagne de Hollande en 1672, au siége de Mons en 1691, à la surprise de Crémone en 1702, au siége de Ciudad-Rodrigo en 1707, à celui de Lille en 1708, à la bataille de

Lawfeld en 1747 et au siège de Berg-op-Zoom et enfin a la bataille de Jemmapes.

Le régiment de Languedoc avait été levé en 1672. Il avait fait partie de cette poignée de Français qui défendit avec tant de courage et de persévérance notre malheureuse colonie du Canada, de 1755 à 1760, et s'était signalé a la sanglante bataille de Québec et a la belle défense de Montréal. Mais ni les efforts de tant de braves, ni le sacrifice de l'héroïque Montcalm ne purent empêcher cette terre française de devenir la proie des Anglais.

Angoumois ne datait que de 1684. Il était déja connu par de nombreux faits d'armes pendant la guerre de la succession d'Autriche La campagne de 1793 en Espagne, mit le comble à sa réputation. Il fut admirable aux combats du camp de Sarre le 30 avril, de la montagne Louis XIV le 22 juin, de la Croix-des-Bouquets le 12 juillet et d'Urrugne le 23 du même mois. Il comptait alors dans ses rangs le brave La Tour d'Auvergne Corret qui, à 50 ans, venait de reprendre du service pour défendre son pays et que l'on a appelé le premier grenadier de France.

Le nouveau 38e de ligne fit ses premières armes pendant la campagne d'Espagne de 1823. Il fut cité pour sa belle conduite à Calafi, le 25 Juillet.

De 1845 à 1849 il est en Algérie. « Jeté de suite
» au milieu de l'insurrection des Arabes, il se
» place dans une longue et belle campagne de huit
» mois à hauteur des vieux régiments d'Afrique.
» Sa belle réputation date du Darah et de l'Oué-
» ransénis. Il l'a noblement soutenue partout où il
» s'est montré, à Orléansville, dans la Kabylie et
» particulièrement à Znatcha. »

Le 38e n'eut pas le bonheur de prendre part aux
campagnes de Crimée, d'Italie et du Mexique.

Au commencement de la guerre de 1870 il se
trouvait en Algérie et ne rentra en France que
pour prendre part aux opérations des armées de la
Loire et de l'Est. Il fit partie de la division Martin
des Pallières depuis le commencement d'octobre,
concourut à la reprise d'Orléans au mois de
novembre et à la défense de la même ville en
décembre ; puis à la dislocation de la première
armée de la Loire il passa à l'armée de l'Est sous le
commandement du général Bourbaki. Il fut incorporé dans la brigade de réserve de l'armée de l'Est
et placé sous les ordres du général Pallu de la
Barrière. Il se réfugia en Suisse avec cette armée, en
février 1871 et, à sa rentrée en France, fut envoyé
à Lyon, où il contribua à rétablir l'ordre, aux mois
de mars et d'avril.

Le 38e de marche, formé au Mans dans le courant d'octobre, avec des détachements venus des
dépôts de dix-huit régiments différents, fit partie
de la deuxième division du 16e corps, il se signala
à la bataille de Coulmiers, où il eut l'honneur
d'entrer le premier dans le village, a celle de
Loigny où il perdit douze cents hommes tués ou
blessés et aux combats de Brncy et de Boulay.

Passé ensuite à la deuxième armée de la Loire,
il prit une part active aux opérations de la retraite
du général Chanzy de Vendôme sur le Mans et de
la colonne mobile du général de Jouffroy, ainsi
qu'à la bataille du Mans, où le lieutenant-colonel
Baille qui le commandait, fut blessé, et à divers
combats livrés entre le Mans et Laval.

A la conclusion de la paix il est envoyé à Paris,
de là à Versailles et prend part au siege contre la
Commune. Il se signale a l'attaque des Moulineaux
et à la prise du fort d'Issy. Il remplit noblement
son devoir pendant l'entrée de l'armée de Versailles
dans Paris puis est envoyé à Lyon comme son frère
aîné le 38e de ligne avec lequel il est fusionné à la
date du 10 juillet 1871.

En résumé, le 38e de ligne peut se montrer fier
de ses origines et du bel héritage que lui ont légué
les corps d'infanterie qui ont porté son numéro.

Les beaux exemples ne lui ont pas fait défaut, il a toujours su les suivre et n'oubliera jamais la devise inscrite sur son DRAPEAU :

HONNEUR ET PATRIE !

LISTE

Colonels qui ont commandé le Régiment

1° Mestres de camp et Colonels

RÉGIMENT DE DAUPHINÉ

NOMS	DATE de la Nomination	OBSERVATIONS
Marquis de NETTANCOURT (Louis).	26 oct. 1629	
Comte de NETTANCOURT DE VILLIERS (Claude)	7 juin 1638	
Comte De NETTANCOURT DE VILLIERS (Louis).	14 avril 1645	
Marquis de DAMPIERRE (Henri du Val). . . .	18 déc. 1652	
Comte de DAMPIERRE (Henri du Val). . . .	30 sept. 1669	Tué au siège de Candie
Duc d'HUMIERES (Louis-François-d'Aumont).	12 mars 1689	
Marquis de CHARROST (Louis-Jos. de Béthune)	9 fév. 1702	Tué à la bataille de Malplaquet.
Chevalier de BÉTHUNE (Michel-François) . .	1 oct. 1709	
Marquis du SAILLANT (Charles-Franç , d'Estaing)	2 avril 1712	
Comte de NOAILLES (Philippe)	10 mars 1734	Maréchal de France en 17 0

NOMS	DATE de la Nomination	OBSERVATIONS
Marquis de CUSTINE (Marie-Antoine). . . .	29 juin 1744	
Marquis de St-CHAMOND (Charles-Louis-Aug^{te}) de la Vieuville)	1 fév. 1749	
Comte de ROSEN (Eugène-Octave-Augustin) . . .	11 mai 1762	A partir de cette époque le régiment prit le titre de la province de Dauphiné
Vicomte de PONS (Charles-Armand-Augustin)	3 janv. 1770	
Marquis de MAC-MAHON (Charles-Laure)	10 mars 1788	
LE BŒUR (Charles) . . .	23 nov. 1791	
DE LA GARDIOLLE (Charles-Philippe, de la Cour) .	13 mai 1792	

2° Chefs de la 38° Demi-Brigade

NOMS	DATE de la Nomination	OBSERVATIONS
DAUMAS	1799	Promu général de brigade pour sa belle conduite à la bataille de Moeskirch
GAUTHIER	6 mai 1800	Nommé en remplacement du général Daumas.
FRIRION (Joseph).	1800	

3° Colonels du 88° Régiment d'Infanterie de Ligne

NOMS	DATE de la Nomination	OBSERVATIONS
DE JUIGNÉ	16 fev. 1816	Légion de Seine-et-Oise — Pension de réforme
Baron de BOISDAVID . . .	31 déc. 1819	Nommé au commandement du 39°
PIGNLT.	16 oct. 1821	Retraité
Comte de CHERISY . . .	2 oct. 1822	Nommé au commandement du 2° régiment de la Garde-Royale
Comte du ROCHERET. . .	29 oct. 1829	Nom au commandement du 9°
VALLETON DE GARRAUBE .	18 oct. 1832	Promu maréchal de camd
DE BRUNO	26 nov 1840	Retraité.
BERGOUNHE.	10 mars 1844	Permute d'office avec le colonel Herbillon
HERBILLON	7 sept. 1846	Promu général de brig
DE BARRAL	8 nov. 1846	Promu général de brig.
GRANDCHAMP.	26 mars 1850	Promu général de brig
LARDILR.	29 juil. 1854	Passé dans l'état-major des places
DE GOLBERG	25 juil. 1858	Promu général de brig
MINOT	27 fev. 1869	Promu général de brig
LOGEROT.	9 déc. 1870	Promu général de brig
TARTRAT	13 avril 1871	Passé à un autre corps
BAILLE.	8 août 1871	Retraité
PEREIRA	11 fev. 1876	

TABLE DES MATIÈRES

~~~~

Pages

APPENDICE

Lyon — Imp S, Pelletier, cours Lafayette, 93